Frank Berger, Christian Setzepfandt

101 Unorte in Frankfurt

W0047268

101 UNORTE

IN FRANKFURT

FRANK BERGER
CHRISTIAN SETZEPFANDT

SOCIETÄTS
VERLAG

7. Auflage

Alle Rechte vorbehalten · Societäts-Verlag
© 2011 Frankfurter Societäts-Medien GmbH
Umschlaggestaltung: Sebastian Sell und Daniel Günther,
Frankfurt
Satz: Julia Desch, Societäts-Verlag
Druck und Verarbeitung: CPI books GmbH, Leck
Printed in Germany 2018

ISBN 978-3-7973-1248-8

Inhaltsverzeichnis

Ungebunden
Das Vorwort

Wie oft bei schrägen Projekten, begann alles mit einem Glas Wein. Dabei hatten die Autoren die Idee, sich mit eher unbekannten Orten Frankfurts zu beschäftigen. Hier ist das Ergebnis.

Es hat Spaß gemacht, Frankfurter „Un-Orte" zu definieren und zu kommentieren. Dabei ging es uns um unbekannte und nicht uninteressante Orte. Wirklich „böse" Orte sind nur wenige dabei. Umso mehr unbekannte und abseitige. Zu allen Orten gibt es etwas zu erzählen. Hier und da dient die Beschreibung sogar der Belehrung des geneigten Lesepublikums.

Allseits bekannte Orte sollen nicht das Thema sein. Jeder in Frankfurt kennt – hoffentlich – Rosemarie Nitribitt, den Römer, das Goethehaus, die Alte Brücke, den Kaiserdom, die Justinuskirche, den Eschenheimer Turm, die Alte Oper, die Börse, den Saalhof, die Staufermauer, die Ratgeb-Wandgemälde, das Haus Wertheim, den Hauptbahnhof, das IG-Farben-Hochhaus, die Großmarkthalle, das Karmeliterkloster, das Waldstadion und die vielen Museen.

Die Auswahl der Unorte ist unausgewogen. Sie will auch nicht politisch korrekt sein. Eher unvorsichtig, respektlos und entdeckend. Sie lädt ein zum Nachforschen, gerne zu Fuß in der Innenstadt oder mit dem Fahrrad in den Stadtteilen.

Die Verfasser stehen für alle Artikel gemeinsam gerade. Gleiches gilt für die Abbildungen. Gegenseitig wurde einiges ergänzt, mehr noch gestrichen. Jeder hätte alleine schon 100 Ideen zu Frankfurter Unorten gehabt. Daher bleiben sie auch weiter nicht untätig.

Unterwegs
Die Adlerwerke

Kleyerstraße 15-31

Ein alter Fabrikbau von 1898/1912, jetzt ohne Produktion, aufwendig saniert, ein Kulturdenkmal. Das Summen der PC-Ventilatoren und das Klappern der Tastatur haben den Maschinenlärm ersetzt. Dienstleistung statt Industrieproduktion. Eine gewaltige Fabrik mit großer Backsteinfassade, streng wie eine Kaserne, doch auch mit Zinnen wie eine italienische Burg. Das sind die Adlerwerke in der Kleyerstraße 15-31.

Der Ingenieur Heinrich Kleyer war bei einer Amerikareise in Boston Zuschauer eines Radrennens. Dabei kam er auf die Idee, das Fahrrad in Deutschland ebenso populär zu machen wie in den Staaten. 1886 begann er mit einer eigenen Fahrradproduktion. Drei Jahre später beschäftigte er bereits 600 Arbeitskräfte. Die technische Innovation des pneumatischen Reifens durch Dunlop bescherte den „Adler-Fahrradwerken" einen ständig steigenden Verkaufserfolg. 1898 begann Kleyer auch mit der Produktion von Schreibmaschinen, die unter dem Namen „Triumph-Adler" Weltruhm erlangten.

Damit nicht genug. 1899 begann das Unternehmen auch noch mit der Herstellung von Motorwagen, und 1901 kamen die Motorräder hinzu. Jeder fünfte deutsche Personenkraftwagen vor dem Ersten Weltkrieg war ein „Adler". Der 1932 vorgestellte „Adler Triumph" zeichnete sich schon durch Frontantrieb und Einzelradaufhängung aus. Höhepunkt der Entwicklung war der „Adler Autobahnwagen" mit einer elegant stromlinienförmigen Karosserie. Insgesamt stellten die Adlerwerke 210.000 Autos her. Im Zweiten Weltkrieg wurden Zwangsarbeiter eingesetzt. Später beschränkte sich die Produktion auf Fahrräder, Motorräder und Büromaschinen.

Unbequem
Die „Adorno-Ampel"

2.

Westend, Dantestraße/Ecke Senckenberganlage

Das neue Institut für Sozialforschung an der Senckenberganlage konnte 1951 eröffnet werden. Neben dem Hausherrn Horkheimer wirkte hier Theodor W. Adorno als Professor für Philosophie und Soziologie. Beide waren 1949 aus dem Exil in den USA zurückgekehrt. Vor dem Haus verlief mit der Senckenberganlage eine der großen städtischen Ringstraßen.

Adorno sorgte sich um das körperliche Wohl seiner Studenten ebenso wie um deren Ankunft zum pünktlichen Vorlesungsbeginn. Voller Sorge wandte er sich in einem Schreiben an den Rektor: „Wenn ein Student, wie es doch schließlich sein Recht sein sollte, in Gedanken über die Straße geht, ist er der unmittelbarsten Lebensgefahr ausgesetzt." Daher befürwortete er die Aufstellung von „Verkehrslichtern", heute Ampeln genannt. Jedoch wurde im Frühjahr 1959 nur ein Zebrastreifen angelegt.

Im Sommer 1962 kam, was kommen musste. Zuerst verunglückte ein Passant an dieser Stelle tödlich, und wenige Tage später wurde eine Sekretärin des Instituts für Sozialforschung angefahren und schwer verletzt. In einem Leserbrief der FAZ wies Adorno darauf hin, dass Automobilisten Fußgänger als störende Objekte betrachteten und nur durch polizeiliche Maßnahmen anderen Sinnes würden. Er sollte die Erfüllung seines Wunsches nicht mehr erleben. Adorno starb 1969. Jürgen Habermas forderte 1985 erneut eine Anlage, die bereits „Adorno-Ampel" genannt wurde. Endlich, im Frühjahr 1987, konnte Institutsdirektor Ludwig von Friedeburg die Errichtung der „Adorno-Ampel" von seinen Diensträumen aus beobachten.

Unbeliebt
Der AfE-Turm

3

Bockenheim, Robert-Mayer-Straße 1-15

Der AfE-Turm („Abteilung für Erziehungswissenschaften") ist eines der vielen Hochhäuser in Frankfurt. Und er war bei einer Höhe von 116 Metern eine kurze Zeit lang sogar das höchste Gebäude der Stadt. Seine Konstruktion erfolgte in Stahlbeton-Skelettbauweise auf einem quadratischen Grundriss von 33,40 Metern Seitenlänge. Die Abteilung für Erziehungswissenschaften bezog aber nie das 1970 bis 1972 erbaute Hochhaus, weil sie vor Eröffnung geschlossen wurde. In ihm befinden sich stattdessen Büros und Seminarräume einiger Gesellschaftswissenschaften.

Höchst eigenartig ist die Etagenanordnung zwischen Nord- und Südseite des Gebäudes. Die Nordseite hat anderthalbfache Etagenhöhe mit 29 Geschossen. Die Folge ist ein interessantes System von Zwischenetagen und Halbtreppen, für dessen Verständnis man mit dem Haus sehr vertraut sein sollte.

In der ursprünglichen Planung sollten im AfE-Turm 300 Angestellte und 2500 Studenten tätig sein. Von Anbeginn an war die Zahl der Studenten aber eine mehrfache. Die Wartezeiten an den Aufzügen dehnten sich bis zu 15 Minuten aus. Auf der Nordseite sind die Seminarräume oberhalb des 11. Stocks für Veranstaltungen gesperrt. Die Südseite wird dennoch bis zum 38. Stock voll genutzt.

Bedingt durch die Studienfächer, beherbergte der Turm ein besonders kritisches Potenzial an Studenten. Folge waren Turmbesetzungen. Dem kam entgegen, dass der Turm wegen seiner wenigen Zugänge sehr effizient abgeriegelt werden kann. Ein Abriss dieses bedeutenden Gebäudes der Frankfurter Studentenbewegung ist vorgesehen.

Unterirdisch
Der „Affenstein"

Westend, Hansaallee, Lübecker Straße

Es überrascht wenig, wenn man bei Bauarbeiten auf Relikte früherer Tage stößt. So geschehen, als auf dem Gelände des Neubaus der Frankfurter Universität Bauarbeiter auf einen Turmstumpf stießen. Zwei Deutungen schienen möglich. Die eine: Dieser sei ein Eiskeller aus der Mitte des 19. Jahrhunderts. Die andere: Der Turm gehörte zur ersten Frankfurter Landwehr aus der Mitte des 14. Jahrhunderts.

„Affenstein"? Woher kommt das Wort? Gab es in Frankfurt Affen? – Nun! Auch im alten Frankfurt war man schnell mit Verballhornungen von Namen bei der Hand. Den Frankfurter Katholiken war verwehrt, in der Stadt zu beten. Vor den Toren allerdings gab es Marienstandbilder aus Stein, an denen das „Ave Maria" gebetet werden durfte. Aus dem „Ave-Stein" wurde im Laufe der Zeit der „Affenstein".

Dass der Turmrest zur ersten Landwehr gehörte, scheint aus den Putzresten und den Gründungspfählen belegt. Sicher ist, dass es um Frankfurt herum zwei aus unterschiedlichen Zeiten stammende Landwehre gab. Die erste, die sich auf die Staufermauer (um 1150) bezog, und eine zweite, die zur Stadtmauer des 14. Jahrhunderts gehörte.

Der Turm stand an einer strategisch günstigen Stelle. Nach Süden fällt das Gelände steil zur Stadt hin ab. Wahrscheinlich wurde der Turm nach der Stadterweiterung nicht mehr gebraucht. Er diente dann als Windmühle und später als Eiskeller der Nervenheilanstalt (ab 1864) Heinrich Hoffmanns. Im Neubau des Universitätsinstitutes bleibt der „Affenstein" nun auch wieder unsichtbar.

Unterschicht
Ahornstraße, hohe Nummer

Griesheim, Ahornstraße

Droht Frankfurt einmal ein „Paris-Szenario"? Dazu bedarf es einer Mischung von Perspektivlosigkeit, sozialer Benachteiligung, Migrantenfamilien, Langeweile, ethnischer Konkurrenz, Jugendarbeitslosigkeit und Gewalt. Manche Namen werden in diesem Zusammenhang genannt: Sossenheim, Frankfurter Berg, Ben-Gurion-Ring, die Mainfeldsiedlung in Niederrad und „Im Heisenrath" in Goldstein.

Als die „Bronx von Frankfurt" galt lange Zeit die Ahornstraße in Griesheim. Dies war einer hohen Konzentration von Problemfamilien und Intensivtätern zu verdanken. Viele bestritten ihren Lebensunterhalt fast ausschließlich durch Straftaten. 1988 etwa registrierte die Feuerwehr eine größere Serie von Brandstiftungen in sechs verschiedenen Häusern. Polizei und Feuerwehr wurden Opfer von Angriffen. Die „Ahorn-Boys" errichteten Straßensperren und forderten Wegezoll. Ein Kultobjekt dieser Szene, wie auch anderer Gesellschaftsschichten, ist das Auto. Es dient zu wilden Verfolgungsfahrten. Autos der Gegner werden gerne schon einmal schrottreif geschlagen. Firmen für Autozubehör waren deshalb ein beliebtes Objekt von Einbrüchen. 1993 gab es den ersten Toten, das Opfer eines Bandenkrieges, erschossen mit einer Kleinkaliberwaffe. Der Tote hieß Kai Uwe Gärtner. In diesem Jahr erhielt der Stadtteil den Namen „Frankfurter Bronx".

Das Quartier war zwar auf dem Weg, die „Frankfurter Bronx" zu werden, doch ist es heute dort recht friedlich. Gelbe Häuserblocks reihen sich unspektakulär aneinander. Balkone stehen in der Sonne, verziert mit Satellitenschüsseln, Markisen und Sonnenschirmen.

Unbenannt

Das AIDS-Memorial „Verletzte Liebe"

Innenstadt, Peterskirchhof, Bleichstraße, Stephanstraße

Ein Barbesitzer, ein Flugbegleiter und ein Mann aus Darmstadt waren 1982 die ersten namentlich Bekannten, die in Frankfurt an AIDS starben. Menschen, die an AIDS starben, wurden lange Zeit häufig von ihren Familien ohne jeden Bezug zu ihrem bisherigen Leben eilig verscharrt oder bestenfalls ohne Aufsehen beerdigt. Der Trauer und dem Gedenken einen Ort mitten in Frankfurt zu geben, war das Ziel einer Initiative, die den Künstler Tom Fecht 1994 mit der Gestaltung der Gedenkstätte auf dem Peterskirchhof beauftragte. Das dortige Gräberfeld ist einer der ältesten in Frankfurt existierenden Friedhöfe. In der Mitte der Stadt entstand schließlich der Gedenkort „AIDS-Memorial – Verletzte Liebe".

In die Stützmauer der Peterskirche wurden 1994 575 Nägel in Erinnerung an die bisher an AIDS gestorbenen Frauen und Männer eingelassen. Jedes Jahr zum Welt-AIDS-Tag, am 1. Dezember, werden weitere Nägel für die im Jahr zuvor Verstorbenen in die Wand geschlagen. Die unterschiedlich gestalteten Nägel sollen etwas von der Individualität der Verstorbenen aufscheinen lassen. Inzwischen sind über 1000 Nägel in diese Wand des Todes eingelassen, die jeweils für einen Menschen stehen, der in Frankfurt an AIDS gestorben ist.

Der Nagel wurde von dem Künstler gewählt, weil er Verletzung und Hinrichtung symbolisiert. Die Kreuzigung war die Strafe für eine andere religiöse, weltanschauliche oder politische Lebensführung und Gesinnung. Ein Nagel hinterlässt am Körper eines Menschen ein Wundmal oder Stigma. Die Nägel sind „unbenannt".

Undemokratisch
Alte Gasse

Innenstadt, Alte Gasse

In der Alten Gasse 24 gelegen, ist die „Krawall-Schachtel" aus dem Jahre 1546 eines der alten Fachwerkhäuser Frankfurts. Schon immer beherbergte es eine Gaststätte. Das kleine Gebäude war Herberge der in Frankfurt absteigenden Fuhrleute. Die Alte Gasse war der letzte Teil der innerstädtischen nordsüdlichen Durchfahrt, die von der Alten Brücke in die Fahrgasse, über die Konstablerwache, die Große Friedberger Straße und die Alte Gasse zum Friedberger Tor aus der Stadt herausführte.

Den Namen „Krawall-Schachtel" erhielt das Gebäude in den 1830er Jahren, als sich hier die Krawaller des Vormärz trafen. Demokratisch gesonnene Studenten und Arbeiter planten, die beiden Frankfurter Wachen zu stürmen, um sich dort zu bewaffnen. Dann wollten sie die Gesandten der deutschen Fürsten, die im Palais Thurn und Taxis tagten, festnehmen. Dies sollte das Signal einer demokratischen Erhebung in ganz Deutschland werden. Der Plan wurde verraten und scheiterte. Die Studenten hatten neun Tote zu beklagen.

In der Alten Gasse seien die Hausnummern 30 und 34 mit ihren verputzten Fachwerkfassaden beachtet. Es waren dies die Unterkünfte der einfachen Handwerker und Fuhrleute, Häuser, wie sie im alten Frankfurt in den nicht wohlhabenden Gegenden typisch waren. Über dem Parterre befand sich nur ein Stockwerk und ein zur Straßenfront hinzeigendes Zwerchhaus. Von der Alten Gasse zweigt an der „Krawall-Schachtel" die Rosenberger Straße ab. Haus Nr. 4 ist ein barockes Fachwerkhaus mit verputztem Obergeschoss und verschiefertem Zwerchhaus, erbaut um 1760.

Unterhalt
Bastionen im Anlagenring

8.

Innenstadt, Bleichstraße, Eschenheimer Anlage,
Taunusanlage

Die Frankfurter begrüßten es sehr, als Arbeiter 1804 endlich damit begannen, die seit dem 14. Jahrhundert bestehende Stadtmauer zu schleifen. Die durch den Abriss frei werdenden Flächen wurden nach Plänen des Stadtgärtners Sebastian Rinz neu angelegt. Doch was ist unter dem Park des Anlagenrings noch von der Stadtmauer und ihren Bastionen übrig?

Der beeindruckendste Teil der Bastionen des 17. Jahrhunderts ist an der Obermainanlage mit einer steil aufragenden Mauer am Rechneigrabenweiher erhalten geblieben. Der Weiher vor dieser Mauer ist ein kleiner Rest des Wassergrabens der Befestigungsanlage. Ein deutlich kleineres Stück der Bastion hat sich unterhalb der Hochstraße am ehemaligen Stadtbad Mitte (Hilton) erhalten. Auch das Beethoven-Denkmal (Georg Kolbe) in der Taunusanlage steht auf einem Rest der Sternbastion. Ein kleiner Hügel westlich der Junghofstraße weist auf einen ehemaligen Stadtturm hin.

Besonders im Norden und Osten des Anlagenrings lassen sich die Sternbastionen erkennen. Grabungen innerhalb der Befestigung ließen ältere Teile zum Vorschein kommen. Ein sehr bedeutender Rest fand sich 2009 in der Bleichstraße. Nach dem Abbruch eines spätklassizistischen Hauses wurden Reste der Bastion und vor allem ein mehr als 90 Meter langer Gang entdeckt. Die ursprüngliche Länge dieses Teilstückes betrug über 280 Meter. Nach den erfolgreichen Grabungen im Wallbereich ist vorgesehen, diesen Teil der Frankfurter „Unterwelt" wieder zugänglich zu machen.

Unwegsam
Der Berger Hang,
Frankfurts steilste Stelle

9.

Bergen, Hanauer Weg

Für Freizeitradler ist er eine Herausforderung. Komme ich ihn hoch, ohne abzusteigen? Der Berger Hang. Dies ist Frankfurts steilste Stelle. Genau nach Süden ausgerichtet, ist es hier ein klein wenig wärmer als anderswo in Frankfurt. Durch das milde Kleinklima blüht hier alles ein wenig früher. Alte Karten zeigen an, dass der Hang früher mit Weinstöcken belegt war.

Heute ist der Berger Hang in erster Linie eine etwa 60 Hektar große Streuobstwiese mit Halbtrockenrasen. Das prominente Mitglied des Grüngürtels beherbergt zahlreiche Blütenpflanzen und Orchideen, wie etwa Händelwurz und Helmknabenkraut. Bei dem mediterranen Klima wundert es nicht, dass hier auch Oregano und andere Gewürzpflanzen vorkommen. Bei einer Beringungsaktion wurden 43 Vogelarten gezählt, darunter der Kuckuck, der Steinkauz, der Buchfink, der Neuntöter, der Zaunkönig, die Meise und die Grauammer. Über den Boden huscht die Kleinäugige Wühlmaus und schlängelt sich die Blindschleiche. Forscher des Senckenberg-Museums sind hier sogar der Tapezierspinne Atypus piceus ansichtig geworden, einer einheimischen Verwandten der bekannten und beliebten Vogelspinne.

Zu Füßen des Berger Hangs liegt das unwegsame Areal des Riedteichs. Er ist Bestandteil des nacheiszeitlichen Mainlaufs. Oben am Berger Hang erfreut den Besucher eine großartige Aussicht: Zur Linken geht der Blick über den Enkheimer Wald in Richtung Offenbach. Zur Rechten kann abends, je nach Jahreszeit, ein spektakulärer Sonnenuntergang in der Frankfurter Skyline beobachtet werden.

Unvergesslich
Der Bethmannweiher

Innenstadt, Seilerstraße 34

Wer zu Fuß oder per Rad die Berger Straße hinunter nach Frankfurt kommt, passiert immer einen kleinen runden Weiher innerhalb der Friedberger Anlage. Wie ein Wächter des Weihers steht sein Besitzer auf einem Denkmalsockel. Es ist Simon Moritz von Bethmann. Der Namenspatron der gleichnamigen Männchen ist in Frankfurt unvergesslich. Ihm zu Ehren wurde das Standbild 1868 errichtet.

Zur Nachbarschaft gehört das Café „Odeon", zierlich auf einem kleinen künstlichen Hügel gelegen. Dieses klassizistische Gebäude von 1816 ist der älteste Museumsbau Frankfurts. Das Äußere bestimmen rundbogige Fenstertüren, Gesims und die hohe Attika. Bethmann besaß eine größere Sammlung von Abgüssen antiker Kunstwerke, die er dort ausstellte. Die Öffentlichkeit hatte freien Zutritt zu dieser Kollektion. Auch Goethe besuchte das Museum. Prunkstück der Sammlung war die „Ariadne auf dem Panther" von Dannecker, heute im Liebieghaus zu bewundern.

Nach der Aufgabe der Stadtbefestigung erwarb Simon Moritz von Bethmann ein umfangreiches Wallgrundstück vor dem Friedberger Tor. Dort ließ er ein Landhaus und eine umfangreiche Gartenanlage errichten. Niemand Geringeres als Napoleon war hier zu Gast. Das Museum wurde 1865 als Restaurant verpachtet. Der Cafetier Christian Joseph Milani richtete dort den „Kursaal Milani" ein. Das Heilwasser wurde in Flaschen angeliefert. Im Bereich des Weihers veranstaltete Milani namhafte Künstlerkonzerte. Vereine arrangierten rauschende Sommerfeste mit nächtlicher Beleuchtung des Weihers. Im Krieg diente der Bethmannweiher als Löschwasserbecken.

Unmöglich
Das Bismarck-Denkmal in Höchst

11.

Höchst, Leverkuser Straße/Ecke Bolongarostraße

Otto von Bismarck war kein Freund Frankfurts. Im Gegenteil. Er mochte die Frankfurter nicht, und die Frankfurter mochten ihn nicht. Ein gegenseitiges Verhältnis mit viel Hass und wenig Liebe. Bismarck lebte hier von 1851 bis 1858 als Gesandter Preußens beim Bundestag. Die Bismarcks mussten in Frankfurt mehrfach umziehen, weil die Vermieter ihnen das Leben schwer machten. Sie wohnten am Rossmarkt, in der Hochstraße 45, in der Bockenheimer Landstraße 40, in der Großen Gallusgasse 19 und in der Hochstraße 30.

Nach dem Deutschen Krieg von 1866 rächte sich Bismarck an den Frankfurter bitterlich. Die 40.000 Seelen fassende Stadt sollte eine Kriegskontribution von fast 36 Millionen Gulden zahlen. Die Forderung von 36 Millionen Gulden war ein Rekord in der Weltgeschichte. Nie musste ein besiegter Staat pro Kopf mehr Geld an den Siegerstaat zahlen als Frankfurt 1866. Auf diese Forderung hin erhängte sich der überforderte Bürgermeister Fellner.

Dennoch gibt es ein Bismarck-Denkmal in Frankfurt? Eigentlich unmöglich. Ein Jahr nach seinem Tod weihte die Stadt Höchst eine monströse Bronzestatue zu seinen Ehren ein. Wir sehen einen typischen Bismarck mit Stiefeln, Mantel, Pickelhaube und Degen. Hier haben wir die Erklärung: Höchst gehört erst seit 1928 zu Frankfurt. Die Bürger von Höchst hatten ihn bereits 1859 zum Ehrenbürger ernannt. Nicht verschwiegen sei aber, dass in spätwilhelminischer Zeit (1908) ein Bismarck-Denkmal in der Frankfurter Gallusanlage errichtet wurde. Es wurde 1940 eingeschmolzen, und dabei ist es geblieben.

Untersuchung
Bordellmorde
im Westend

Westend, Kettenhofweg 124a

Ein schönes Doppelhaus in Frankfurts bester Gegend, dem Kettenhofweg im Westend, gehörte seit 1977 den Eheleuten Gabor und Ingrid Bartos. Es steht unter Denkmalschutz. Gabor Bartos war Geschäftsmann und handelte mit Holz, Ersatzteilen und Frauen aus Osteuropa. Seine Frau Ingrid war Erbin einer Frankfurter Schreibwarenhandlung. Das Ehepaar bewohnte das Erdgeschoss ihres Hauses. Im Keller und den beiden oberen Geschossen war ein diskretes Bordell eingerichtet. Die Kunden kamen überwiegend aus gut situierten Kreisen. Sie gingen ihrer täglichen Arbeit meist im Umfeld des Westends nach. Der normale Besuch kostete 350 Mark. Zutritt gab es nur auf Empfehlung.

Am Montag, den 15. August 1994, fand ein Kunde gegen 11 Uhr vormittags das Haus verschlossen vor. Die Mutter von Ingrid Bartos betrat im Beisein zweier Damen, die am Wochenende dienstfrei hatten, die Wohnung. Sie fanden die Leichen von sechs Menschen, alle erdrosselt: das Besitzerehepaar und vier russische Frauen im Alter von 18, 25, 27 und 28 Jahren. BILD titelte: „War es die Russen-Mafia?"

Die Untersuchung war rasch erfolgreich. Hinweise führten auf die Spur von Sofia Berwald (25), einer früheren Beschäftigten des Bordells. Sie war mit dem Russen Eugen Berwald (27) verheiratet. Drei Tage nach der Tat nahm die bayerische Polizei das Paar fest. Sie fanden die Tatwaffe: ein Stromkabel. Dazu ein neu erworbenes Auto, Uhren, Handtaschen und Unterlagen der Ermordeten. Eugen Berwald wurde wegen sechsfachen Mordes zu einer lebenslänglichen Freiheitsstrafe verurteilt.

Unaufschiebbar

Das Buchmesse-Denk-mal von Franz Mon

13.

Innenstadt, Buchgasse

Das heutige Erscheinungsbild der Frankfurter Buchgasse steht ihrem leuchtenden kulturhistorischen Stellenwert geradezu diametral gegenüber. Einen Lichtpunkt finden wir dort, mit laserhafter Präzisionswirkung: die 2008 aufgestellte Glasstele zur Erinnerung an die historische Buchmesse in der Buchgasse. Es wurde auch Zeit dafür. Die Stadt Frankfurt konnte als Schöpfer der Stele den weltweit profilierten Großmeister der konkreten, auditiven und visuellen Poesie, Franz Mon, gewinnen.

Die Stele besteht aus fünf Glasscheiben im Format 80 x 100 cm auf einem Edelstahlsockel. Die Scheiben sind mit Lettern und Texten bedruckt. Ins Auge fallen die farbigen Buchstaben A und O, als Alpha und Omega den Anfang und das Ende des Uralphabets bezeichnend. Worte und kurze Texte streifen die Themen Wort und Buch, sie reflektieren das Lesen und die satzbildende Potenz der Wörter. Mit Absicht wurden viele unterschiedliche Druckschriften gewählt. Eigennamen von Dichtern und Druckern kommen nicht vor.

Während des Frankfurter Reichstags von 1454 besuchte der kaiserliche Sekretär Enea Silvio Piccolomini die Messestände in ebendieser Buchgasse. Dabei fiel ihm eine Bibelausgabe mit einer besonders klaren Schrift auf. Er machte die Bekanntschaft des „erstaunlichen Menschen", der diese produzierte. Piccolomini war in der Frankfurter Buchgasse Johannes Gutenberg begegnet. 1458 wurde Piccolomini unter dem Namen Pius II. zum Papst gewählt.

Unstern
Die BUGA 1989

Hausen, Am Ginnheimer Wäldchen

Alle zwei Jahre kommt eine Bundesgartenschau über die glückliche Bevölkerung einer ausgewählten Stadt unserer Republik. Frankfurt durfte dieses Hochamt der Landschafts- und Blumenkunst im denkwürdigen Jahr 1989 ausrichten. Dafür wählten die Stadtväter das Gelände der Flussaue der Nidda zwischen Praunheim, Ginnheim und Hausen. Hier harrten Feuchtgebiete, Wiesen und Wäldchen der Umgestaltung. Mit 144 Hektar handelte es sich um die größte Grünfläche der Stadt, abgesehen vom Stadtwald in Sachsenhausen. Gemeinhin sollen bei den Bundesgartenschauen problematische Brachen und innerstädtische Freiflächen in einen ökologisch akzeptablen Zustand gebracht werden. In Frankfurt drohte das Gegenteil: Sollte eine intakte Landschaft zum öden Ort werden?

Die Stadt Frankfurt investierte den ansehnlichen Betrag von 185 Millionen Mark. Nach der Millionenschau sollte hier der „Volkspark Niddatal" entstehen. Die Bundesgartenschau öffnete im Sommer 1989 an 171 Tagen ihre Tore. Acht Millionen Gäste wurden erwartet, es kamen allerdings nur halb so viele. Da sich auch die Einnahmen auf nur 28 Millionen Mark beliefen, wurde die Schau wirtschaftlich als Flop gewertet. Nach 20 Jahren ist die BUGA zum Sanierungsfall geworden. Die für ein Millionenpublikum ausgelegten Wege sind zu breit und schlecht befestigt. Wasser steht in den Schlaglöchern. Die Bänke sind marode.

Ungestüm
Der Carolusbrunnen

Sachsenhausen, Wendelsplatz

Auf einem modernen Tellersockel in Sachsenhausen steht ein kleiner Reiter mit merkwürdigen Proportionen. Standort ist der Wendelsplatz am Beginn der viel befahrenen Darmstädter Landstraße. Es handelt sich um „Carolus den Starken", so benannt nach einem Doppelbock aus dem Hause Binding. Flaschenetikett und Reiterstandbild stammen vom gleichen Künstler: Fritz Boehle.

Boehle hatte die Idee, an einer Bastion flussaufwärts der Alten Brücke ein Reiterdenkmal Karls des Großen aufzustellen. Der Geehrte, ungestüm eine Hirschkuh verfolgend, entdeckte so die Furt im Frankenlande. In seinem Atelier im nahen Deutschordenshaus modellierte Fritz Boehle mit Holz und Gips ein Modell im Maßstab 1:1, das ihm allerdings 1905 zusammenbrach. Der Künstler versuchte es ein zweites Mal. Der Magistrat bewilligte bereits die Mittel für das Standbild. Dann kamen der Abbruch und Neubau der Alten Brücke dazwischen, was sich von 1914 bis 1926 hinzog. Derweil war der Bildhauer bereits verstorben und hatte zuvor sein Modell zerschlagen. Übrig blieben nur noch Skizzen und ein kleines Modell.

In jüngerer Zeit griff die Firma Binding auf die Arbeit ihres Gestalters zurück. Sie ließ einen Bronzeguss von dem „kleinen" Carolus anfertigen und stellte ihn 1967 vor ihrem Sudhaus an der Darmstädter Landstraße auf. Sechs Jahre später wurde der Reiter der Stadt zum Geschenk gemacht. Wohin nun damit? Ein weiterer Brunnen in Sachsenhausen sollte es sein. Ihn stiftete 1976 die „Kerbe-Gesellschaft Sachsenhausen e.V.", wie der Inschrift zu entnehmen ist.

Unbegreiflich
Der Darmstädter Hof
im Stadtwald

16.

Sachsenhausen, Stadtwald

Die Altstadt im Frankfurter Stadtwald. Nicht weit der S-Bahn-Station „Zeppelinheim" liegen im Wald drei Steinhaufen. Sie dienen als künstliche Gebirgslandschaft in einem Mufflongehege. Roter Mainsandstein, stark von Moos besetzt, ist bei näherem Hinsehen als Voluten, Putten, Kragsteine, Wappenbilder und Gewölbesteine zu erkennen. Sie alle gehören zu einem Gebäude, das ehemals auf der Frankfurter Zeil stand: dem Darmstädter Hof. Der Darmstädter Hof stand räumlich wie im Ansehen neben dem „Roten Haus", dem „Weinhaus Drexler" und dem „Russischen Hof" kurz vor der Einmündung der Stiftstraße an der Nordseite der Zeil.

Bis zum 18. Jahrhundert stand dort das große Stadthaus des Patriziers und Großhändlers Claus Bromm. In dessen Haus waren sogar Luther, Melanchthon und Jean Calvin zu Gast. Das neue Gebäude mit seiner barocken Prunkfassade wurde 1757 vollendet. Die oberen Räume des Hauses dienten als Frankfurter Sitz der Familie von Hessen-Darmstadt. Danach fungierte es als Hotel. Prominentester Gast war Kaiser Wilhelm I., der am 1. März 1871 von dem siegreichen Krieg gegen Frankreich zurückkam.

Im Jahr 1898 kaufte eine Baufirma das Anwesen, ließ es im Frühjahr 1899 niederlegen und durch das Kaufhaus M. Schneider ersetzen. Die gut erhaltene Fassade war vor dem Abriss geborgen worden. Die 200 Kubikmeter Steine wurden von der Stadt Frankfurt für 25.000 Mark erworben und zunächst an der Gutleutstraße eingelagert. Die Fassade würde sich, wie in Frankfurt nicht unüblich, als Vorhang vor einen Neubau gehängt, zur Dekoration eignen.

Unsterblich
„Don Alfredo"

Innenstadt, Bleidenstraße 7

So liest man: elektronische Musik, trendy, Technokneipe, sonntag-abends Soulmusik vom Plattenteller, coole Anlaufstelle der Frank-furter Szene. Es geht um die Gaststätte „Helium". Von außen verzieren farbenfrohe Plastikstühle, schlanke Heizpilze, Sonnen-schirme und ein folienverhängter Anbau die Eckkneipe. Der Stand-ort des „Helium" hat eine eminente fußballhistorische Bedeutung. Hier befand sich in den Jahren um 1960 eine Gaststätte namens „Parkhaus".

Pächter der Gaststätte „Parkhaus" war einer der berühmtesten Frankfurter Sportler aller Zeiten: Alfred Pfaff. Geboren 1926 in Rö-delheim, kam der gelernte Installateur nach einer Saison beim Rö-delheimer FC 1949 an den Riederwald zur Frankfurter Eintracht. Hier absolvierte er 301 Oberliga-Spiele und schoss dabei 103 Tore. 1954 wurde er in der Schweiz Fußballweltmeister, spielte aber nicht im Endspiel, da Fritz Walter seine Position des Spielmachers inne-hatte. 1959 führte er Eintracht Frankfurt zur Deutschen Meister-schaft. Das Endspiel gegen Kickers Offenbach war die Mutter aller Mainderbys. Frankfurt siegte 5:3 nach Verlängerung. 1961 been-dete Alfred Pfaff, genannt „Don Alfredo", seine sportliche Lauf-bahn.

Gastwirt war er schon immer, nebenberuflich sozusagen. 1953 fin-den wir Alfred Pfaff in der Weberstraße 90, wo er die „Sportler-klause" betrieb. Von hier wechselte er zum „Frankfurter Hof" in Alt Praunheim 46. Ab 1956 betrieb er das „Parkhaus" nahe der Haupt-wache. Nachdem er die Fußballschuhe ausgezogen hatte, arbeitete er als Gastwirt in Zittenfelden im Odenwald. Hier starb er am 27. Dezember 2008 im Alter von 82 Jahren.

Unvereinbar
Eckermannstraße

Innenstadt, Weißadlergasse

„Altstadtgesundung" nannte man nach 1933 die Sanierung bestimmter Straßen und Viertel in der Frankfurter Altstadt. Ein besonderes Beispiel hierfür ist die in den Stadtplänen bis 1944 auftauchende „Eckermannstraße". Bezeichnenderweise lag sie nicht weit vom Goethehaus entfernt.

Die Reste dieser Ende 1938 angelegten Straße sind heute noch auf der Südseite der Weißadlergasse als kleines Plätzchen zu erkennen. Hier sind Gebäude zu sehen, die mit ihren Strukturen die Eigenarten der Frankfurter Altstadtbauten aufnehmen. Überhänge und Haussymbole kennzeichnen diese Häuser. Die Eckermannstraße ersetzte zwei historische Gassen mit den Namen „Rosengasse" und „Rothekreuzgasse", sowie das „Citronengässchen", welches nach Süden zur „Schüppengasse" (heute etwa Bethmannstraße) führte.

Schon 1934 bezeichneten Frankfurter Zeitungen diese Straßenzüge als „Elendsviertel". Der Frankfurter Oberbürgermeister von 1933 bis 1945, Friedrich Krebs, wollte „mit der Ausführung des Gesundungsplans Besserung und Fortschritt" bringen. Als ungesund galten die politischen und sozialen Subkulturen der Gegend. In der Nachbarschaft des Goethehauses etablierte sich ein Viertel der Frankfurter Homosexuellen, der Hainer Hof galt als Brutstätte und Hort der Frankfurter Kommunisten und Sozialisten. Beide Bevölkerungsgruppen passten natürlich nicht in das Bild der Zeit. Man beschloss eine radikale Lösung. Die historischen Fachwerkbauten wurden abgerissen, damit den missliebigen Elementen die Wurzeln gekappt wurden.

BENNO STEINWEG

PER PIV ALTO
ASCENDERE
LASCIAI CADERE
LA SPOGLIA

VM MICH DEM LICHT
ZV BEREITEN, GLITT
MIR DAS IRDISCHE AB

Unglücklich
Benno Elkan

Dornbusch, Hauptfriedhof, Eckenheimer Landstraße 196

Ein eher versteckt liegendes Grab des Frankfurter Hauptfriedhofs wurde von einem bedeutenden Frankfurter Künstler geschaffen: Benno Elkan (1877-1960). Auf dem Grabstein aus Granit befindet sich das Relief eines Ikarus. Die Inschrift: „Per più alto ascendere lasciai cadere la spoglia – Um mich dem Licht zu bereiten, glitt mir das Irdische ab". Dieser Satz bezieht sich auf den hier beerdigten Benno Steinweg (1910-1922).

Benno Elkan lebte von 1918 bis 1933 in Frankfurt. Sein Atelier befand sich im Winterrefektorium des Frankfurter Karmeliterklosters. 1933 musste der Künstler vor den Nazis fliehen. 1954 kam Benno Elkan für seine erste Nachkriegsausstellung in Deutschland in das Frankfurter Kunstkabinett.

Von Elkan ist das in der Gallusanlage stehende Denkmal „Heldenklage" von 1920 für die Gefallenen des Ersten Weltkriegs. Ein Denkmal, das nicht den Krieg glorifiziert, sondern den Verlust eines geliebten Menschen darstellt. Von ihm stammen auch Portraitbüsten prominenter Persönlichkeiten wie Walther Rathenau, Winston Churchill, John D. Rockefeller, James de Rothschild, Chaim Weizmann, Gerhart Hauptmann, Fritzi Massary, Karl Valentin und Yehudi Menuhin.

Bis kurz vor seinem Tod vollendete er einen Menora-Leuchter mit der Darstellung der Geschichte des jüdischen Volkes. Der Leuchter steht vor dem Parlament des Staates Israel in Jerusalem. Zwei weitere Werke Benno Elkans sind in Frankfurt zu finden: „Kind mit Schale" und ein weiterer Grabstein, die Grabstätte Edinger in Gewann II auf dem Frankfurter Hauptfriedhof.

Unverkennbar
Fachwerkhaus
Kl. Bockenheimer Straße 10

20.

Innenstadt, Kleine Bockenheimer Straße 10

Eine Erwartung an Frankfurter Architektur wird schnell erfüllt: hohe moderne Gebäude. Frankfurt war allerdings bis zum 22. März 1944 eine der größten Fachwerkstädte Deutschlands. Über 1500 Holzhäuser standen allein in der Innenstadt. Von diesen Gebäuden sind heute nur noch 11 erhalten. Eines davon befindet sich in der Kleinen Bockenheimer Straße Nr. 10, einer Nebenstraße der sogenannten „Freßgass". Es ist ein barockes Fachwerkhaus des 18. Jahrhunderts mit vorgekragten Geschossen und Giebel.

Weitere originale Fachwerkhäuser der Frankfurter Altstadt sind: Das Haus Wertheim auf dem Römerberg. Das Gebäude Töngesgasse Nr. 37. Gut erkennbar die beiden Brandmauern zur Rechten und Linken des Gebäudes. In der Alten Gasse Nr. 24 die „KrawallSchachtel", ein spätgotisches Fachwerkhaus von 1546. Bei den Hausnummern 30 und 40 ist das Fachwerk hinter Putz verborgen. Eine Gasse mit erhaltenen Vorkriegsbauten ist die Rosenbergerstraße. Haus Nr. 4 ist ein kleines barockes Fachwerkhaus aus der Zeit um 1760 mit verputztem ersten Stockwerk und verschiefertem Zwerchhaus. Haus Nr. 6 ist ein dreigeschossiges Gebäude, welches um 1840 entstanden ist. Dieses spätklassizistische Gebäude ist verputzt. An der Hochstraße/Ecke Zwingergasse steht ein verputztes klassizistisches Holzgebäude aus der Zeit nach 1830. In der Großen Bockenheimer („Freßgass") Nr. 31 ist ein schmales verputztes Rokokohaus aus der Zeit um 1760 zu sehen. Ein schön geschwungener Giebel betont das Gebäude.

Unverdrossen
Der Flugpionier
August Euler

21.

Niederrad, Morgenzeile

Als eine der letzten Stadtrandsiedlungen unter dem Frankfurter Siedlungsdezernenten Ernst May wurde 1930 die Goldsteinsiedlung geplant. Bis 1936 entstanden 320 Kleinsiedlerstellen, noch ohne Wasser- und Gasanschluss. Auf diesem Gelände befand sich zuvor der erste Frankfurter Flugplatz.

Dieser entstand auf Initiative des Ingenieurs August Euler (1868 – 1957). Er sah frühzeitig große Chancen in der Weiterentwicklung von Flugzeugen. Nach dem Erwerb einer Lizenz für den Nachbau eines französischen Voisin-Doppeldeckers konnte er dieses Fluggerät verbessern. Unter anderem reduzierte er das Gewicht der Maschine um die Hälfte. Mit einer eigenen Maschine beteiligte er sich erfolgreich an der Internationalen Luftfahrtausstellung (ILA) 1909 in Frankfurt. Nach einer Führerscheinprüfung bekam er den internationalen Flugzeugführerschein Nr. 1 für Deutschland. Mit einem Flug von über drei Stunden Dauer war er 1910 Inhaber des Weltrekords im Dauerfliegen.

Im folgenden Jahr kaufte Euler westlich von Niederrad ein großes Gelände, wo er eine Flugzeugwerft mit fünf großen Flugzeughallen und einen privaten Flugplatz anlegte. Insgesamt investierte er den gewaltigen Betrag von 1,5 Millionen Mark. Die deutsche Flugzeugproduktion endete mit den Bestimmungen des Versailler Vertrages. Euler wurde Staatssekretär für Luftfahrtwesen und zog sich 1928 ins Privatleben zurück. Regelmäßig besuchte er den Frankfurter Pilotenstammtisch im „Bamberger Hof", Kelsterbacher Straße 14 in Niederrad. Das Grabmal des Flugpioniers auf dem Frankfurter Hauptfriedhof ziert ein senkrecht stehender Propeller.

Unendlich

Frau Schreiber und die Kleinmarkthalle

22.

Innenstadt, An der Kleinmarkthalle

Allein das Wort „Kleinmarkthalle" zaubert bei den Frankfurtern ein freundliches Lächeln ins Gesicht. Kaum ein Bauwerk in der Stadt hat es so sehr zu einem Ort des Wohlfühlens gebracht wie die Frankfurter Kleinmarkthalle.

Die heutige Kleinmarkthalle ist nicht das erste Gebäude dieser Art in Frankfurt. Schon 1879 wurde im Stil der Neurenaissance eine verglaste Eisenkonstruktion in Form einer dreischiffigen basilikalen Halle von 117 Metern Länge, 34 Metern Breite und 22 Metern Höhe erbaut. Auf 4000 qm waren 354 Verkaufsstände verteilt. Über die unendliche Vielfalt in dieser Halle dichtete Friedrich Stoltze: „Gemies, Kartoffel und was noch all, des kriet mer in dere Hall. Und owwe uff der Galerie, da möpselt es nach Fromage de Brie."

1954 eröffnete die neue, die heutige Kleinmarkthalle. Sie wurde nach den Plänen des Architekten Gerhard Weber erbaut und steht seit dem Jahr 2000 unter Denkmalschutz. Brühwurst bei Frau Schreiber, Grüne Soße bei Frau Frieser, Haspel bei der Metzgerei Dey, Wurst und Schinken bei Hoos, Flugmangos bei Franz Olbrich, hausgemachte Frikadellen bei Werner Röder, Käse bei Tomas Vetterling, Sushi bei Keiko und Kinya Terada, frische Pasta bei Nella Masi und frische Fische an drei Ständen – und auch den Wein des Ruländer Hofs auf der Terrasse nicht zu vergessen! Arabisches, Persisches, Spanisches, Italienisches, Türkisches, kurz: Der Geschmack der ganzen Welt findet sich in der Frankfurter Kleinmarkthalle wieder.

Ungebunden
Die Friedenseiche von Sossenheim

Sossenheim, Wiesenfeldstraße 15z, hier links

Ein imposanter Eichbaum (Quercus robur) von fast 20 Metern Höhe steht in Sossenheim am Wiesenfeldweg. Er wird hier von Wohnbebauung, dort von Kleingärten umgeben. Der Umfang des Stammes beträgt 4,60 Meter. Der am Baum entlangführende Fußweg erweitert sich zu einem respektvollen Halbrund. Diese Eiche ist ein kulturhistorischer Gedenkbaum, ungebunden in den Zeitläufen. Bis hin zu den späteren Hitlereichen hatten die Deutschen stets eine besondere Affinität zu dieser Pflanzenart.

Die Sossenheimer Friedenseiche wurde zum Friedensschluss des Deutsch-Französischen Krieges 1871 von heimgekehrten Kriegsteilnehmern gepflanzt. Der Friedensschluss ist auch als „Friede von Frankfurt" bekannt. Zur Jahrhundertfeier der Eiche deponierten die Jungsozialisten einen Gedenkstein an der Eiche. Seit 1981 wird in ihrem Schatten alljährlich das Friedensfest gefeiert.

Der berühmte Baum hat die Zeitläufte nicht ganz unbeschadet überstanden. Ein Blitz aus jüngerer Zeit spaltete ihn von der Krone bis zu den Wurzeln. Das hielt Ignatz Bubis, den Vorsitzenden des Zentralrats der Juden in Deutschland, seinerzeit nicht davon ab, auf die Sossenheimer Friedenseiche zu klettern. Versteckt hinter der Frankfurter Allgemeinen Zeitung, saß er auf einer Astgabel des berühmten Baumes. Ein kluger Kopf, der ja immer hinter dieser Zeitung zu finden ist, unterstützte die Werbekampagne des Blattes.

Unterstand
Garage Hersfelder Straße

24.

Bockenheim, Hersfelder Straße 21-23

Frankfurt war in den 1920er Jahren eine Stadt des architektonischen Aufbruchs. Die Siedlungen Ernst Mays, große Bauten wie das IG-Farben-Haus oder die Großmarkthalle sind die Gebäude, die jedem ins Gedächtnis kommen. Daneben gibt es allerdings eine ganze Reihe kleiner unbekannter Gebäude, die auf den ersten Blick nicht als Bauwerke des Neuen Bauens identifiziert werden. Ein Beispiel hierfür ist das Garagengebäude in der Hersfelder Straße 21-23. Dieses wurde von Ernst Balser geplant und von 1922 bis 1924 errichtet. Balser plante auch 1927 den Neubau der „Allgemeinen Ortskrankenkasse" am Theodor-Stern-Kai sowie das noch heute bestehende Verwaltungsgebäude der Chemag an der Senckenberganlage.

Balser hat, wie seine Planungen für weitere Garagen in Frankfurt in dieser Zeit zeigen, dem erhöhten Verkehrsaufkommen Rechnung getragen. Es wurde notwendig, Parkraum für Lkw und Pkw zu schaffen. So entstand für die Firma Mannesmann-Mulag diese Lastwagengarage.

Um einen parabelförmigen Innenhof sind die Garagen für 18 Lastkraftwagen nebeneinander angeordnet. Über den Garagentoren befindet sich hinter einem Mauerband ein flaches Walmdach. Im Scheitel der Anlage liegt ein zweistöckiger Mehrzweckbau für Verwaltung und Werkstatt, der zu beiden Seiten Raum für die Einfahrt lässt. Das Gebäude besticht durch seine flache Form und die verschiedenfarbigen Klinker. Sie verschaffen der Fassade eine elegante und in die Tiefe gestaffelte Wirkung.

Unruhig

Die Geburtsstätte der DM

Innenstadt, Taunusanlage 5

Als Kaiser Ludwig der Bayer im Jahre 1333 die Stadterweiterung Frankfurts erlaubte, musste eine neue Stadtmauer gebaut werden. Diese Mauer war sechs bis acht Meter hoch, davor verlief ein Wassergraben. Davon ist heute nur noch der Eschersheimer Turm übrig. In der Zeit Napoleons wurde der Mauerbereich als Anlagenring zu einer mondänen Flanierstraße umgestaltet. Nach und nach wurden die Anlagen zur maßgeblichen Denkmalplatzierungsstätte Frankfurts.

Nach dem Krieg diente der Ring zur weiträumigen innerstädtischen Verkehrsführung. Damit wurde es hier mehr als unruhig. Das Resultat ist tosender Autoverkehr, nur von Ampeln geregelt. Eine Promenade längs des Anlagenrings auf seinen etwa 3,2 km Länge gehört nicht zu den großen Vergnügungen der Spaziergänger, Radfahrer und Jogger.

Die Taunusanlage bildet mit 45.000 qm als Nordwestkurve der Wallanlage heute geradezu die Mitte des Bankenviertels. Unter der Adresse Taunusanlage 5 wohnte bis zu seinem Tod 1909 der liberale Bankier, Politiker und Verleger Leopold Sonnemann. An dieser Stelle wurde von 1931 bis 1933 die Reichsbankhauptstelle Frankfurt am Main errichtet. Als Nachfolgeinstitution gründeten die drei Westmächte am 1. März 1948 die „Bank Deutscher Länder", die spätere Bundesbank. An dieser Stelle und in diesem Haus wurde am Montag, den 21. Juni 1948, im Zuge der Währungsreform die D-Mark eingeführt. Pro Person gab es ein „Kopfgeld" von 40 DM. Daraus entstand die Fama, dass für kurze Zeit alle Deutschen gleich reich waren.

Unabsehbar
Gemüsehalle – Kunsthalle

Innenstadt, Breite Gasse 24

Auf dem alten Ravenstein'schen Plan, der 1864 erschienen ist, sind im Bereich des heutigen Straßendreiecks Seilerstraße, Allerheiligenstraße und Breitegasse längst verschwundene Orte des alten Frankfurt zu entdecken. Die Namen lauten: das Plätzchen, Am Städelshof, Christophelsgasse, der Grüne Wald, Kleiner Dielshof und der Große Ritter.

Zum Städelshof lesen wir in Alexander Dietz' „Frankfurter Handelsgeschichte", dass „der Händler Johann Wilhelm Städel der Besitzer des nach ihm benannten Städel'schen Hofes am Allerheiligentor hinter der Stadtmauer war". Und Dietz weiter: „Dem blühenden Spezereiwarenhandel des 18. Jahrhunderts ist auch das Vermögen von fast 1 $\frac{1}{2}$ Millionen Gulden zu verdanken, welches Johann Friedrich Städel, der Stifter des nach ihm benannten Kunstinstituts, im Jahre 1816 hinterlassen hat. An Spezereiwaren werden genannt: Dominico- und Java-Kaffee, Songlo-Tee, Pfeffer, Zimt und Näglein. An Farbwaren: Langensalzaer Waid, schwarzer Gallus, Dominico-Indigo, Cochenille, weißer und roter Weinstein, Bleiweiß, Salzburger Vitriol. An Metallen: Kupfer, Silberglätt und Goldglätt, Flußspat, Kristalle, Landblei und Harzer Blei, ferner englisch Zinn."

Das langgestreckte Gebäude des Städelshofs wurde viele Jahre als Obst- und Gemüsehalle eines Frankfurter Kaufmanns genutzt. Seit 2000 finden hier Kunstausstellungen im Umfeld der Städelschule und der HfG Offenbach statt. So kommt Kunst zurück an den Ort, an dem J. F. Städel seinen Frankfurter Handel hatte und sein Vermögen erwirtschaftete.

Ungereimt
Goetheruh

27.

Sachsenhausen, Sachsenhäuser Landwehrweg/
Nähe Wendelsweg

Gewiss hat sich Goethe auf seiner „Italienischen Reise" einmal auf eine umgestürzte dorische Säule gesetzt und ausgeruht. Eine solche Säule liegt auf einem kleinen Hügel am Sachsenhäuser Landwehrweg am Goetheturm in einer Lichtung im Buchengehölz. Angeblich ging Goethe hier spazieren und genoss die Aussicht auf die Stadt. Die Frankfurter Säule ist ein modernes Denkmal, nicht aus griechischem Marmor, sondern aus fränkischem Mainsandstein. Sie darf benutzt werden. Den müden Spaziergänger lädt sie zum Verweilen ein. Auf der Säule steht ein Zitat, das als Bedienungsanleitung gedacht ist. Es stammt aus dem „Faust" und ist ein wenig abgewandelt: ARKADIEN, EIN KÖNIGREICH / IN SPARTAS NACHBARSCHAFT. Der andere Bezug besteht zu dem Motto, das Goethe seiner „Italienischen Reise" voranstellte: „Et in Arcadia ego". Dieser beschauliche kleine Platz unter den Buchen ist ein romantisches Idyll, das sagt dieses Denkmal aus. Das Bild der liegenden Säule bildet mit dem – waagerechten – Schriftzug eine ästhetische Einheit.

Gestalter der Säule war Ian Hamilton Finlay, der große schottische Lyriker und Gartengestalter. Visuelle Poesie, Texte auf Steinen, lyrische Skulpturen und Installationen im Freien bestimmten sein Werk. Hintersinnig setzte er Lyrik in gebändigte Wildnis. In seinen rein textlichen Arbeiten ist er in die Bewegung der konkreten Poesie einzuordnen. Frankfurt tut gut daran, der Literatur im öffentlichen Raum Platz zu geben. Das sollte sie dieser Stadt des Buches wert sein. Umso größer das Vergnügen, ein weiteres Werk Finlays am Theaterplatz in Frankfurt zu wissen.

Unweit
Gogels Gut

Gutleut, Gutleutstraße 315

Die Gutleutstraße ist heute Frankfurts vornehmste Adresse nicht. Anders vor 200 Jahren. Nach Aufgabe der Frankfurter Stadtbefestigung zog es die reichen Kaufleute hinaus aufs Land, aber doch unweit der Stadt. Diese Absicht hatte auch der wohlhabende Weinhändler und Bankier Johann Noe Gogel vom Rossmarkt. In seinem Hause verkehrten unter anderem der Philosoph Hegel und der Dichter Hölderlin. Gogel erwarb 1803 ein großes, idyllisch am Mainufer gelegenes Grundstück.

Stararchitekt Salins de Montfort erbaute das Landhaus. Gogel ließ einen Landschaftspark anlegen, mit Gärtnerwohnung und Gewächshaus. Vor dem stattlichen Herrenhaus erstreckte sich die Rasenfläche bis zum Fluss. Gogels Park galt als einer der schönsten Parks der Stadt. Am Main gab es eine Ufermauer. Die Ostecke wurde als große baumbestandene Aussichtsplattform ausgeführt. Das westliche Ende der Ufermauer zieren echte romanische Arkaden. Sie stammen aus der Benediktinerabtei Neustadt am Main und wurden von ihrem Besitzer, dem Fürsten von Löwenstein-Wertheim, an Gogel verkauft. Gogels Gut war ein schieres Idyll.

Das Anwesen wurde 1883 verkauft und hieß nach seinen neuen Besitzern nun „Sommerhoffpark". Der Eingang hat die Anschrift Gutleutstraße 315. Es geschahen größere Umbauten am Landhaus und Neuanpflanzungen fremder Gewächse im Park. Der Park ist noch da. Teile seiner alten Einfassung haben sich erhalten. Die wunderbare Aussicht von der Uferterrasse auf den Fluss kann jedermann gratis genießen.

Unscheinbar
Das Grab von
Sophie Cossaeus

Dornbusch, Eckenheimer Landstraße 196

Auf dem Frankfurter Hauptfriedhof befinden sich ca. 80.000 Grabstätten und 260.000 Gräber. Auf dem Gräberfeld liegen einige Mit-
glieder des Ensembles der hessischen Kultserie „Die Hesselbachs"
beerdigt. Neben der „Mama" Liesel Christ (1919-1996) auch Carl
Luley (1887-1966). Ein kleiner unscheinbarer Grabstein im Gewann
F 1459 erinnert an die Schauspielerin Sophie Cossaeus (1893-
1965).

Die geborene Wiesbadenerin begann ihre Karriere am Mainzer
Stadttheater. Am berühmten Frankfurter Schumann-Theater (1902
gegenüber dem Frankfurter Hauptbahnhof erbaut), trat sie als
Tänzerin und Soubrette auf. Sophie Cossaeus war in fast allen
Theatern des Rhein-Main-Gebietes zu sehen. Nach dem Zweiten
Weltkrieg war sie festes Mitglied des Ensembles um Wolf Schmidt,
den Erfinder der hessischen Rundfunkfamilie „Die Hesselbachs".
Zuerst im Radio, dann in vier Kinofilmen und schließlich ab 1960 bis
zu ihrem Tod trat Cossaeus in fast allen Folgen der Fernsehserie
„Die Hesselbachs" auf, die sich als regelrechter „Straßenfeger"
entpuppte.

Die Rolle des „Fräulein Lohmeier" war Sophie Cossaeus auf den
rundlichen kleinen Leib geschrieben. Nörgelnd, schnippisch und
immer etwas beleidigt spielte sie die Rolle der immer Zu-kurz-Ge-
kommenen mit frankfurterischem Witz und Herz. Ihr Ausruf „Herr
Hesselbach, isch muss misch beschweren" ist legendär.

Unglück
Grabstätte für
Menschen mit AIDS

Dornbusch, Hauptfriedhof, Eckenheimer Landstraße 196,
Gewann F 465u

An AIDS wird immer noch gestorben. AIDS trifft in unserer Gesell-
schaft vor allem Menschen, die nicht dem sogenannten Mainstream
entsprechen. Die herkömmliche Trauerkultur bietet den Hauptbetrof-
fenengruppen von AIDS und deren spezifischer Lebensweise keinen
angemessenen Rahmen. Deshalb haben die AIDS-Hilfen schon früh
eine eigene Trauerkultur entwickelt und Orte und Gelegenheiten geschaffen, an denen gemeinsam getrauert werden kann.

Oft genug wurden die an AIDS Verstorbenen nach dem Ableben
heimgeholt und „in aller Stille" an fremden Orten bestattet. Ge-
raubt wurde dadurch den eigentlichen Hinterbliebenen auch der
Ort, an dem der Betrauerte existent bleibt.

Die Frankfurter AIDS-Hilfe hat eine Gemeinschaftsgrabstätte auf dem
Hauptfriedhof geschaffen, die offen ist für Menschen mit verschiedenen Lebensweisen. An diesem Grab werden weder die sexuelle Iden-
tität noch die ethnische Herkunft noch religiöse Unterschiede ver-
leugnet. Entstanden ist sozusagen eine Wahlfamiliengrabstätte der
Menschen, die an AIDS gestorben sind.

Hierfür hat die AIDS-Hilfe Frankfurt 2007 ein Patenschaftsgrab mit
einer Muschelkalksäule übernommen. Diese vom ursprünglichen
Grab stammende Säule wurde 1929 im Stil der Neuen Sachlichkeit
geschaffen. Die Neugestaltung wurde von dem Aschaffenburger
Künstler Helmuth Hirte ausgeführt. Er hat das historische Grab mit
einer Stele, auf der während der Trauerfeiern die Urnen stehen,
und durch eine Wand mit drehbaren Namenswürfeln ergänzt.

Unfall

Große Friedberger Straße

31.

Innenstadt, Große Friedberger Straße

Man muss schon sehr genau hinschauen, um in einigen Frankfurter Straßen deren historische Bedeutung zu entdecken. Ein Beispiel hierfür sind die Große Friedberger Straße und die Alte Gasse nördlich der Konstablerwache.

Große Friedberger Straße 6 und 8. Die beiden um 1900 entstandenen schmalen Gebäude „Zum Mohren" und „Solber Fässje" sind zwei Belege für die sehr schmalen Parzellen der historischen Frankfurter Altstadt. An der Ecke zur Kleinen Friedberger Straße weist eine Gedenktafel auf das Anwesen von Goethes Großvater, Johann Wolfgang Textor, hin. An der Ecke gegenüber ist das Gebäude „Zum Haferkasten" ebenfalls aus der Zeit um 1900.

Das Haus Nr. 29-31 „Stadt Cassel" ist ein erst kürzlich saniertes historisches Hotel von 1909. Das Gebäude mit der Hausnummer 32 ist ein klassizistischer, wahrscheinlich von Phillip Jakob Hoffmann, dem Vater Heinrich Hoffmanns, entworfener Bau des Jahres 1800 („Zum Goldenen Schwan" und „Zur alten Post") und war einstmals die Poststation der Thurn und Taxis. Hinter dem Haus waren die Stallungen für die Postpferde. Die großen Höfe hinter den Gebäuden der Straße weisen noch auf diese Nutzung hin. Den Abschluss der Straße bildet das 1905 gebaute, die gesamte Ecke einnehmende Wohn- und Geschäftshaus mit seiner glorifizierenden Figur. Diese war Symbol der seit dem 17. Jahrhundert an dieser Stelle befindlichen Engel-Apotheke. Die Figur stellt Hygieia, die Tochter des Asklepios dar. Sie trägt einen Äskulapstab und steht auf einem Krankheit symbolisierenden und besiegten Drachen.

71

Unkraut
Das Grüne-Soße-Denkmal

Oberrad, Speckgasse

32

Wir befinden uns in der Speckgasse am Rand der Oberräder Kräuterfelder. Sauber in einer Reihe, wie die Sieben Zwerge, stehen sieben Gewächshäuser auf Betonfundamenten nebeneinander, vielleicht etwas zu klein geraten. Sie bestehen aus Polykarbonat und schimmern in verschiedenen Grüntönen. Angeblich entspricht jeder Grünton dem Grünton eines der sieben Kräuter der berühmten Frankfurter Grünen Soße. Auf dem Boden eines jeden Häuschens steht im Sinne visueller Poesie der Name eines dieser Kräuter. Also: Borretsch, Kerbel, Kresse, Petersilie, Pimpinelle, Sauerampfer und Schnittlauch.

Die kleinen Gewächshäuser sind keine Gewächshäuser, sondern bilden zusammen ein Denkmal. Nur zur Einweihung konnten sie begangen werden. Die Häuschen wirken durch ihre Spiegelung und Farbe. Gespiegelt erscheinen die Wohnbebauung von Oberrad, die Bahnstrecke, die Gewächshäuser, die Felder, die Erhebung des Mühlbergs und die Frankfurter Skyline. Wer viel Zeit mitbringt und Geduld hat, kann den Kräutern in gespiegelter Form beim Wachsen zuschauen. Bei Dunkelheit verkehrt sich die Denkmalwirkung. Das Dunkel ist nicht mehr drinnen, sondern draußen. Denn jetzt strahlen die erleuchteten Häuschen aus sich heraus. Der Denkmalentwurf stammt von der Künstlerin Olga Schulz, Absolventin der Hochschule für Gestaltung im nahen Offenbach am Main. Geht man die Speckgasse hinab, also nach Norden, führt hinter dem letzten Haus links eine Reihe schlanker Basaltstelen zu diesem gepflegten Denkmal der Frankfurter Kochkunst.

Unermüdlich

Der Hafenarbeiter von Constantin Meunier

Sachsenhausen, Friedensbrücke, Südseite

33

Arbeiter, als Objekt der Kunst, tauchen erst gegen Ende des 19. Jahrhunderts auf. Der belgische Bildhauer Constantin Meunier (1831–1905) wandte sich ab 1880 der Thematik des körperlich arbeitenden Menschen zu. In Frankfurt finden sich zwei seiner Figuren als Denkmäler im öffentlichen Raum. Ein Hafenarbeiter auf der Südseite der Friedensbrücke und ein Sämann im Günthersburgpark. Als Paar erworben, symbolisieren sie die Industriearbeit und die landwirtschaftliche Tätigkeit. Den Ankauf beider Figuren ermöglichte 1899 der Industrielle Leo Gans, Mitbesitzer der Cassella-Werke in Frankfurt-Fechenheim.

Der Hafenarbeiter steht dem Frankfurter Westhafen gegenüber. Seine Kopfbedeckung ist eine Kappe aus Leder oder Tuch, die über die Schultern hängt, auf der die Lasten mit Unterstützung des Kopfes und des Nackens getragen werden konnten und die den Arbeiter z. B. vor Kohlenstaub schützte. Die Figur des Mannes stützt die Arme in die Hüften. Es ist nicht der müde Arbeiter, eher ein Mann, der sich seiner Schaffenskraft bewusst ist und mit einem gewissen natürlichen Pathos in die Welt blickt.

Eine ähnliche Geste nimmt der Sämann ein, der am Südwest- Eingang des Günthersburgparks zu finden ist. Jenseits des Parks geht Frankfurt in eine eher ländliche Umgebung über. Der Landarbeiter, ebenfalls mit selbstbewusster Geste dargestellt, wirft die Saat. In einem Tuch, das um den Körper gebunden ist, liegen die Samen bereit. Diese Figur wurde für ein „Denkmal der Arbeit" entworfen, das nicht ausgeführt wurde.

Unliebsam
Der Hainer Hof

Innenstadt, Hainer Hof, Fahrgasse

Der Frankfurter nationalsozialistische Oberbürgermeister Friedrich Krebs schrieb in einem Beitrag zur sogenannten „Altstadtgesundung" über den Block XI: „Große Ausräumung und Neubauten am Hainer Hof. Der derzeitige Zustand kann in die Zukunft nicht übernommen werden. Flickwerk ist nicht am Platze." Und: „Der Volksgesundheit und der Volksgemeinschaft sind solche Elendsblocks nicht weiter zuzumuten."

Der Hainer Hof, im Winkel der Braubachstraße und der Fahrgasse gelegen, ist das Ergebnis dieser Maßnahme zur „Altstadtgesundung". Die Nationalsozialisten hatten sich nach 1933 angeschickt, diejenigen Orte Frankfurts zu „säubern", an denen unliebsame Gruppen lebten. In der Altstadt lebten in den einfachen Wohnquartieren die politisch aktiven linken Arbeiter. Nicht umsonst stammte der Frankfurter Mundartdichter und politisch kritische Geist Friedrich Stoltze aus diesem Teil des alten Frankfurt.

Über dem historischen Ort entstand ein „altstädtischer" Wohnblock im Stil der Zeit. Unverkennbar schmückt ein Reichsadler den 1938 entstandenen Bau, welcher sich als eine der wenigen „faschistischen" Architekturen Frankfurts erhalten hat. Das Reiterstandbild von 1954, von Albrecht Glenz aus Kirchheimer Muschelkalk geschaffen, erinnert an eine frühere Funktion des Hainer Hofs als Landgräflich Hessische Poststation. Die Poststation war Nachfolger einer Niederlassung der Zisterzienser aus dem hessischen Haina bei Kassel.

Unterhaltung
Der Hans-Flesch-Platz

Innenstadt, Hans-Flesch-Platz

Seit 2004 trägt eine kleine Grünanlage an der Stephanstraße nördlich der Zeil den Namen Hans-Flesch-Platz. Hans Flesch wurde 1896 in Frankfurt geboren und entstammte einer in Frankfurt weit verzweigten Familie. Dass dieser Ort nach Hans Flesch genannt wird, ist historisch richtig, denn an dieser Stelle befand sich das ehemalige Postscheckamt. Im fünften Stock des Hauses waren die ersten Studios von Radio Frankfurt.

Hans Flesch war von 1924 bis 1929 der erste Künstlerische Leiter der Südwestdeutschen Rundfunkdienst AG. „Radio Frankfurt", wie der Sender schnell hieß, war eine der ersten deutschen Radiostationen überhaupt. Radio Frankfurt sendete ab 1. April 1924, und Hans Flesch erfand für das neue Medium bis heute gültige Sendeformen. Das erste deutschsprachige Hörspiel „Zauberei auf dem Sender" vom 24. Oktober 1924 setzte Maßstäbe im jungen Medium. 1925 wurde der erste Übertragungswagen entwickelt, der aus Frankfurt „live" (so hieß das schon damals) sendete. In diesem Jahr wurden aus dem Frankfurter Waldstadion die Arbeiterolympiade und das erste Fußballspiel, ebenfalls live, übertragen.

Flesch holte eine Reihe von jungen Intellektuellen der Weimarer Republik an den Sender. Bertolt Brecht, Walter Benjamin oder auch der Frankfurter Soziologe Theodor W. Adorno sprachen im Radio. Paul Hindemith komponierte für das Radio und passte seine Kompositionen so an, dass sie die technischen Möglichkeiten des Radios nicht sprengten. Flesch ersann diese bisher nicht üblichen Formate des Rundfunks.

Unterricht
Haus Buchenrode

Niederrad, gegenüber Buchenrodestraße 24

Wenige Frankfurter wirkten so segensreich wie die Chemiker und Industriellen jüdischen Glaubens Carl von Weinberg (1861-1943) und Arthur von Weinberg (1860-1943). Letzterer erwarb 1910 in Niederrad ein 41.000 qm großes Grundstück. Dort erbaute er die Villa Buchenrode. Weitere 2 Millionen Mark gab Weinberg für die Nebenanlagen und den Park aus. In der Nähe gründeten die Weinbergs das Gestüt Waldfried, welches zu einem Zentrum der deutschen Vollblutzucht wurde.

Arthur von Weinberg wurde im November 1938 gezwungen, Haus Buchenrode weit unter Wert, für 400.000 Mark, an die Stadt Frankfurt zu verkaufen. Er starb 1943 im KZ Theresienstadt. Haus Buchenrode wurde Sitz eines musischen Gymnasiums zur Förderung Hochbegabter. Die Gründung dieser Internatsschule erfolgte 1939 unter der Trägerschaft der Stadt Frankfurt. Der Schulbetrieb begann am 1. September mit 115 Schülern, nur Jungen, aus allen Teilen des Deutschen Reiches, also auch aus dem ehemaligen Österreich. Die Leitung der Schule wurde dem versierten Musikpädagogen und Komponisten Kurt Thomas übertragen. Ein Luftangriff im Januar 1944 zerstörte das Haus derart, dass der Schulbetrieb in Frankfurt eingestellt werden musste. Die Schüler kamen bis Mai 1945 in das Kloster Untermarchtal.

Erhalten hat sich heute von Haus Buchenrode nur noch eine einzige rechteckige Säule aus rotem Mainsandstein, Teil einer Einfahrt. Davor wurde ein kleines Beet angelegt, an dem eine Gedenktafel an Arthur von Weinberg erinnert.

Unansehnlich
Das Heimchen-Haus

Höchst, Heimchenweg 60

Die Weltausstellungen des 19. Jahrhunderts waren die ersten globalen Jahrmärkte der Industrie und der Technik. Auf der Londoner Weltausstellung 1862 registrierten der Chemiker Dr. Eugen Lucius und der Kaufmann Wilhelm Meister, dass haltbare Farben auf Teerbasis hergestellt werden konnten. Zu diesem Zweck erbauten sie ein kleines Fabrikgebäude in der Nähe des Höchster Schlosses. Mit fünf Arbeitern begannen sie mit der Herstellung des roten Farbstoffes Fuchsin zur Färbung von Wolle und Leder. Aus diesem Standort entwickelte sich rasch ein Weltkonzern. Im Jubiläumsjahr 1913 beschäftigte das Unternehmen bereits 9000 Mitarbeiter.

Die Großunternehmen dieser Zeit, zumal die fortschrittlichen, gründeten diverse Wohlfahrtseinrichtungen zum Nutzen ihrer Arbeiter. Diese Überlegungen hatten durchaus einen betriebswirtschaftlichen Hintergrund, ging es doch darum, Stamm- und Facharbeiter an die Fabrik zu binden. Hierzu gehörte der Werkswohnungsbau. An der Pariser Weltausstellung von 1900 beteiligten sich die Farbwerke Hoechst mit einem Musterhaus. Es wurde mit einem Grand Prix ausgezeichnet.

Noch heute steht das letzte Haus der Heimchensiedlung klein und unansehnlich im Heimchenweg 60 in Unterliederbach. Das aus Stein erbaute Erdgeschoss trägt ein Obergeschoss in Holzkonstruktion. Im Erdgeschoss waren eine Küche, ein Ess- und Aufenthaltszimmer und das Schlafzimmer vorgesehen. Das Obergeschoss mit seinen abgeschrägten Flächen hatte eine Speicherkammer und – sehr fortschrittlich – zwei Zimmer für die Kinderschar.

Ungesäuert
Hinterhof Fischerfeld

Innenstadt, Schützenstraße 12

Das Fischerfeld ist die Stadterweiterung Frankfurts in den letzten Jahren des 18. Jahrhunderts. Gut sichtbar am Mainufer unterhalb der „Schönen Aussicht" ist noch ein Stück Stadtmauer des 14. Jahrhunderts. Die Stadterweiterung am trockengelegten Fischerfeld folgte den klassizistischen Ideen eines nach einem Schachbrettmuster angelegten Straßenplans. Zum Mainufer hin entstanden großbürgerliche Bauten.

Das Fischerfeld wurde nach dem Ende des Gettozwangs (1806) ein von Frankfurter Juden bewohntes Viertel. Hier befanden sich jüdische Einrichtungen: die Synagoge am Börneplatz, die Niederhofheim'sche Synagoge (Rechneigrabenstraße 3), der Beetsaal „Kol Jaakov" (Rechneigrabenstraße 12) und die Synagoge „Kippstub" in der Rechneigrabenstraße 18-20. Hervorzuheben ist die Synagoge in der Schützenstraße 12. Die Pläne für das Gebäude im maurischen Stil zeichnete der Frankfurter Zimmermeister J. W. Renk. Es wurde 1853 eingeweiht. Das Gebäude wurde 1921 verkauft und in den 1950er Jahren abgerissen.

Erhalten blieb lediglich das Gebäude der Matzebäckerei. Es ist der einzige nicht zerstörte Ort des jüdischen Viertels des 19. Jahrhunderts. Matzen sind dünne Brotfladen aus ungesäuertem Teig, die während des Pessachfestes gegessen werden. Matzen werden aus Weizen, Roggen, Gerste, Hafer oder Dinkel aber ohne Treibmittel zubereitet. Damit die Matzen der besonders strengen Regel für Pessach entsprechen, unterliegt die Herstellung der Aufsicht von Rabbinern. Im Gebäude der Matzebäckerei befindet sich ein Balkon für diese Aufsicht.

Unbetreten
Hinterhof Holzgraben

Innenstadt, Holzgraben 9-11

Einen Steinwurf von der Zeil nach Süden befindet sich eine kleine parallel laufende Straße: der „Holzgraben". Der Name der Straße leitet sich von dem Stadtgraben ab, der für das Lagern von Holz genutzt wurde. Ein wenig scheint es, als ob die Zeit in diesen Hinterhöfen stehen geblieben ist.

Geht man von Osten nach Westen, fällt zuerst auf der rechten Seite die großartige Sandstein- und Putzfassade des ehemaligen Kaufhauses Wronker auf. Das Kaufhaus war ab 1910 eines der dominierenden Gebäude der Zeil. Erhalten blieb lediglich die rückwärtige Fassade des Gebäudes. Gegenüber liegen Grundstücke, welche die letzten in der Innenstadt verbliebenen Kriegsruinen sind.

Zum Holzgraben 11b. Durch eine Toreinfahrt erreicht man einen Hinterhof mit verschiedenen Werkstätten. Hier sind die Strukturen des nach dem Christenbrand von 1719 neu geplanten Grundstückverlaufs noch gut zu erkennen. Da etwa 400 Gebäude niederbrannten, wurde 1720 eine neue Bauordnung zum Brandschutz erlassen. Die Straßenverläufe wurden begradigt, Überhänge an Häusern wurden verboten, Brandmauern errichtet. Ältere Häuser waren oft nur durch einen schmalen „Wich" getrennt, in dem sich auch die Aborte befanden. Eine solche Brandmauer entdeckt man am Schönborner Hof, der über die Gebäude hinweg nach Südosten zu erkennen ist.

Zum Holzgraben 9. Meist durch ein Tor verschlossen ist eine Durchfahrt zu einem Hintergebäude. In der Durchfahrt versteckt sich ein barocker Torbogen, der mit den Resten einer Sandsteinmauer auf ein stattliches Haus hinweist.

Untergrund
Hofeckweg 2-4

40

Dornbusch, Hofeckweg 2-4

Kann ein Haus belangloser aussehen? Der Wohnblock Hofeckweg 2-4 hat nichts Markantes, aber auch gar nichts. Dafür aber viel Beton und wenig Rasen. Kein Baum, kein Strauch, Garagenhof, Wohnungen darüber. So schrieb Claudia Michels in der FR.

Es war Fronleichnam, der 1. Juli 1972. Die Polizei hatte das Grundstück schon lange observiert. Am Morgen des Feiertags schlug sie zu. Anwohner hatten sich darüber gewundert, dass sich einige junge Leute immer wieder verdächtig in einer Garage aufhielten. 200 Polizisten umzingelten das Haus. Ein Panzerwagen blockierte den Garagenhof und drückte eine Garagentür ein, hinter der Andreas Baader, Holger Meins und Jan-Carl Raspe vermutet wurden. Die Polizei forderte per Megafon, herauszukommen und die Waffen wegzuwerfen. Schüsse waren die Antwort. Ein Scharfschütze traf Andreas Baader in den Hintern. Holger Meins gab als Erster auf. Nur mit einer Unterhose bekleidet, kam er heraus und stellte sich. Raspe ließ sich ohne Widerstand festnehmen. Nach Erstürmung der Garage fand die Polizei Andreas Baader am Boden liegend, in der Hand die Pistole mit leerem Magazin. Wenige Tage später wurden Ulrike Meinhof in Hannover und Gudrun Ensslin in Hamburg gefasst. Die Gründergeneration der RAF war am Ende.

War es in Frankfurt am Ende, so hatte es in Frankfurt auch angefangen. Und zwar am 2. April 1968 mit Brandanschlägen auf die Kaufhäuser M. Schneider und Kaufhof an der Zeil. Aus Protest gegen den Völkermord in Vietnam wollte eine Gruppe von Linksaktivisten um Andreas Baader und Gudrun Ensslin die Konsumtempel des Bürgertums in Brand setzen.

Unterredung
Hommage an Heidegger

Rödelheim, Niddagaustraße 42

Martin Heidegger war in Frankfurt durchaus heimisch. 1930 beschloss der junge Buchhändler, Verleger und Antiquar Vittorio Klostermann (1901-1977) mitten in der Wirtschaftskrise, einen Wissenschaftsverlag zu gründen. Mehrere renommierte Autoren hatten den Mut, dem jungen Unternehmensgründer ihr Werk anzuvertrauen, allen voran Martin Heidegger. Aus verschiedenen Gründen kam es immer wieder zu Unterredungen zwischen Klostermann und Heidegger in Frankfurt, das für den Philosophen gut auf dem Wege lag. Im Verlag Klostermann erscheint die Gesamtausgabe der Werke Heideggers. 77 Bände liegen vor, 102 sind geplant.

Die Idee zu diesem Kunstwerk stammt von Hans Wielens, dem Vorsitzenden der Deutsche Bank Bauspar AG. Ihm war Heideggers Text „Bauen, wohnen, denken" aus dem Darmstädter Gespräch des Deutschen Werkbundes von 1951 in Erinnerung. Darin setzt Heidegger das „Wohnen" gleich mit dem Aufenthalt als „Sterbliche dieser Erde", was weit über das reine Bauen hinausgreift.

Nach Errichtung des Bankneubaus (1992) in der Niddagaustraße 42 in Rödelheim suchte Wielens nach einer geeigneten Skulptur für das Haus. Diese fand sich in Form einer Stahlskulptur des spanischen Bildhauers Eduardo Chillida aus dem Jahr 1994. Die Skulptur hat die Maße 83 x 44 x 45 cm und wiegt ca. 800 kg. Das Werk hat die Form eines Blocks mit Ausschnitten und Durchsichten, die an eine wohnraumähnliche Situation erinnern. Es geht die Fama, dass bei Anlieferung der Skulptur die Transportfirma zunächst einen Schrottplatz ansteuerte. Seit 1998 steht das Werk vor dem Bankgebäude in Rödelheim.

Unfertig
Die Honsell-Brücke

42.

Ostend, Honsellstraße

„Das interessanteste Verkehrsbauwerk des Frankfurter Ostens" nennt Denkmalpfleger Volker Rödel die Honsell-Brücke. Begonnen hat alles 1909, mit der Planung des Osthafens. Dazu gehörte eine ebenso gigantische wie vielseitige Brücke von 490 m Länge. Von der Hanauer Landstraße nach Süden abzweigend, sollte die Straßenbrücke die Kohlenlagerplätze des Hafengebietes, die Hafeneinfahrt des Osthafens und den Main überqueren.

Anfangs steigt die Honsellstraße auf einer Länge von 200 m rampenförmig auf 6,5 m Höhe an. Es folgt die eiserne Brücke an der Eyssenstraße mit 25 m Breite. Der nächste Brückenteil beschreibt eine weite Linkskurve. Er besteht aus sechs betonierten Bögen von 18 m Weite, die mit Naturstein verblendet sind. Innen zieren sechs reliefverzierte Granitplatten den Weg über die Brücke. In zwei unterschiedlichen Motiven stellen sie Hafenarbeiter dar.

Der dritte Brückenteil besteht aus einer grazilen und eleganten Eisenbrücke von 90 m Länge, die die Einfahrt zum Unterhafen überspannt. Das Eisengeländer trägt Elemente des Jugendstils. Die genannten drei Teilstücke wurden zusammen 1911 dem Verkehr übergeben. Blieb schließlich noch der Main selbst zu überqueren. Der Entwurf sah eine dreiteilige Eisenbrücke vor. Hierzu reichte das Geld aber nicht mehr. Weltkrieg, Inflation und Wirtschaftskrise taten ein Übriges. Somit biegt heute am Ende der Brücke eine holprige Straße nach Norden um. Die Fortsetzung der eleganten Brückenanlage über den Main ist in Planung.

Unrussisch

Ivan und Malakoff –
zwei Russen in Frankfurt?

43.

Innenstadt, Liebfrauenstraße und Holzgraben

Es sind nur wenige Gebäude der alten Frankfurter Kaufhausarchitektur erhalten geblieben. Ein besonders auffälliger Bau steht an der Ecke Liebfrauenstraße und Holzgraben. Das Gebäude wurde nach den Plänen von Willy Cahn in den Jahren 1927/28 erbaut. Die Fassade ist gegliedert durch vorgelagerte Pfeiler und hat dadurch einen fortartigen Charakter. Vielleicht ist dies der Grund, dass die Frankfurter das Gebäude „Malakoff" nannten.

Während des Krimkrieges 1855 spielte eine Schlacht um das Fort Malakow eine besondere Rolle. Der Name hat einen Klang, der ihn populär machte, und so entstanden das Fort Malakoff in Mainz, der Pariser Vorort Malakoff und die Malakoff-Torte. Im Bergbau wurden die festungsartigen Fördertürme aus Stein in der Zeit um 1860/1880 „Malakofftürme" genannt. Frankfurt kam auf diese Weise zu seinem Kaufhaus Malakoff.

Wenige Schritte von diesem Kaufhaus entfernt, im Holzgraben, befindet sich der heute zugemauerte Eingang zum Liebfrauenhof. Er entstand nach Plänen von Martin Weber in den Jahren 1925/26. Dieser Eingang erinnert mit seiner Gliederung an die im Moscheebau sowie in der arabischen Architektur üblichen Eingangshallen, den sogenannten „Ivan" oder „Aiwan", und ist somit arabischen und nicht russischen Ursprungs. Wahrscheinlich war der Eingang ehemals nicht verputzt, sodass die Backsteinstruktur sichtbar war. Durch den Eingang gelangt man direkt in den Hof des Pfarrhauses und zu der in einer Nische stehenden Lourdes-Madonna.

Unfrankfurterisch
Der Kaiser-Friedrich-Bau

44.

Bahnhofsviertel, Eckhaus Kaiserstraße 68/70
und Moselstraße 29

Kaum eine Frankfurter Straße hat seit ihrem Bestehen so viele Ver-
änderungen und Imagewechsel durchlebt wie die berühmte Kaiserstraße. Sie war als Prachtboulevard die erste Adresse des frühen
20. Jahrhunderts, Ort der Spekulation nach der Kriegszerstörung,
schließlich Mittelpunkt des Rotlichtviertels und in den letzten Jahren eine Straße des städtebaulichen Wandels.

Die Fassaden der Kaiserstraße werden nach den historischen Quel-
len restauriert, die alten Wohnungen teilweise wiederhergestellt.
Ein Gebäude der Kaiserstraße, das außen weitgehend erhalten geblieben ist, ist das Eckhaus Kaiserstraße 68-70 zur Moselstraße.
Der sogenannte „Kaiser-Friedrich-Bau" ist ein Geschäftshaus von
1896. Besonders markant ist der Dachaufbau mit dem Ecktürm-
chen. Dieser wurde nicht, wie nach den Zerstörungen des Weltkrie-
ges üblich, durch ein Flachdach ersetzt. An diesem Gebäude wird
deutlich, wie sehr die Größe und Form eines Daches zur Proportion
der Fassade gehören. Auf der Höhe des ersten Stockwerkes sind
die Portraits preußischer Generäle als Reliefmedaillons zu sehen.
Die Reihe der Portraits von Preußens Glanz und Gloria besteht aus
Bismarck, Moltke und Roon.

Neben der Gutleutkaserne ist diese Galerie preußischer Generäle
ein Beleg für die Wirkung der preußischen Besetzung Frankfurts im
Jahre 1866 auf die Architektur Frankfurts. Schließlich weisen sie
auch darauf hin, dass Frankfurt in den Jahren nach 1871 seinen eigenen „Frieden" mit den hier lange verhassten Preußen gemacht
hat.

Unerträglich
Kaiserhofstraße 12

Innenstadt, Kaiserhofstraße 12

2010 las ganz Frankfurt ein Buch: „Kaiserhofstraße 12" von Valentin Senger. Senger beschreibt in dieser Autobiografie das Leben und das Überleben der Familie Senger während der Zeit des Nationalsozialismus. 1905 floh Sengers Familie aus dem zaristischen Russland und zog nach Frankfurt in das Hinterhaus der Kaiserhofstraße 12. Senger lässt eine Straße, deren Bewohner, Berufe und Eigenartigkeiten lebendig werden.

Senger beschreibt die Straße als einen Mikrokosmos, der Frankfurt widerspiegelt. Es sind die sozialen Gegensätze zwischen Vorderhaus und Hinterhaus. Es sind die Menschen der Oper oder der Maler Lino Salini, genannt „Frankfurter Apfelwein-Zille", aus dem Haus Nr. 6, die der Straße, so Senger, „etwas Weltoffenes" verleihen. Auch den Fechtclub „Hermannia", Kaiserhofstraße 11, in dem die Frankfurter Fechterin, Europameisterin und Olympiateilnehmerin Helene Mayer lebte, beschreibt Senger. Ebenso das Haus Nr. 19 der Burschenschaft „Rhenania" mit seinen sich schlagenden Studenten. Laut Senger bilden die Weinlokale, das Schwulenlokal und die in der Kaiserhofstraße 4 wohnenden Prostituierten den besonderen Kontrast der Straße.

Vom Haus Nr. 20 beschreibt Senger die „Zigeunerfamilie" mit den vielen Kindern, die bei ihrem Abtransport durch die SA so herzzerreißend weinten und schrien, dass man hätte mitweinen können. Die Familie Senger überlebte diese dunkle Zeit in der Kaiserhofstraße. Senger setzt der Straße und dem Überlebenswillen seiner Familie mit dem Buch „Kaiserhofstraße 12" ein Denkmal.

Untergegangen

Der Kuhhirtenturm und Stadtmauerreste in Sachsenhausen

46

Sachsenhausen, Große Rittergasse, Elisabethenstraße, Walter-Kolb-Straße

In der Frankfurter Innenstadt ist die ehemalige Stadtbefestigung mit der Lage des Anlagenrings gut im Stadtplan ablesbar. In der „anderen Hälfte" der Stadt, in Sachsenhausen, ist sie weniger gut sichtbar. Durchwandert man Alt-Sachsenhausen von Westen nach Osten, so findet man drei Phasen der Sachsenhäuser Verteidigungsanlage. Zuerst fällt im Straßenbelag östlich des Eisernen Steges ein Ring aus Kopfsteinpflaster auf. Dieser Ring markiert als sogenannte „Intarsie" den 1930 abgerissenen Stumpf des „Ulrichsteins", dort, wo heute ungefähr der Eiserne Steg das Sachsenhäuser Ufer erreicht.

Etwas weiter südöstlich verbirgt sich im Keller des Parkhauses an der Walter-Kolb-Straße ein etwa 20 Meter langer Rest der Bastion nach den Planungen des Frankfurter Festungsbaumeisters J. W. Dilich, die im 17. Jahrhundert als Erweiterung der Wehranlagen entstanden ist. Ein kleinerer Rest der Befestigung ist im Straßeneck Elisabethenstraße/Wallstraße in einem Hinterhof zu finden. Eine aus grob gehauenen Steinen errichtete Mauer ist ein Rest der alten „Ave-Pforte", des Südtors in der alten Verteidigungsanlage.

Die beiden „Affentorhäuser" von 1810/11, erbaut nach den Plänen des Architekten J. F. C. Hess, ersetzten die hier früher befindliche gotische Pforte. Richtung Norden vor der Jugendherberge steht der prominenteste Rest der Stadtmauer, der 1490 errichtete Kuhhirtenturm. Der Komponist Paul Hindemith bewohnte dieses historische Gemäuer von 1923 bis 1927.

Unterquerung
Der Lachegraben,
Frankfurts traurigster Bach

Griesheim, Waldschulstraße, Iltispfad

47

Der Lachegraben hat nichts zu lachen. Zugegeben: Der Kalauer ist unterirdisch. Seinen Ursprung hat der Griesheimer Lachegraben in der Kleingartenanlage „Gneisenau". Mühsam bewegt er sich nach Westen. Der zunächst offene Graben begibt sich zwecks Unterquerung der Autobahn A 5 in ein Rohr. Der Zugang zum Austrittsrohr erfolgt von Norden entlang der Autobahnmauer neben einer völlig zweckfreien Notrufsäule. Von Süden versperrt das Gelände des Chow-Chow-Clubs Main-Kinzig e.V. den Zuweg. Zwischen Autobahn und Waldschulstraße hat der Lachegraben seinen einzigen Zufluss. Zusätzlich heben Abwässer von der Autobahn den Pegel des Lachegrabens.

Nach Unterquerung der Waldschulstraße schlängelt sich der Lachegraben auf natürliche Weise durch eine parkähnliche Grünanlage mit altem Baumbestand. Diese geht über in eine Wiesen- und Kleingartenlandschaft. Nach Westen hin, zur Mumm-von-Schwarzenstein-Straße, begleitet den Lachegraben eine gepflegte Rasenfläche mit Laternen, regelmäßig geleerten Abfallbehältern, alten Bäumen und hoppelnden Hasen. Der Wasserstand richtet sich nach dem Wetter, oft genug fällt er trocken. In trockenem Zustand verkriecht sich der Lachegraben unter die Mainzer Landstraße. Ein Gitter, vermauert in rote Ziegel, hindert uns daran, ihm zu folgen. Jenseits der Landstraße taucht er unkenntlich durch Dorngesträuch wieder auf und setzt seine Existenz als Bruchlandschaft an der Westseite des Griesheimer Industriegebiets fort. Seine Mündung in den Main liegt südlich der Stroofstraße bei Flusskilometer 26,9.

Unbekleidet
Die Läuferin

48.

Niederrad, Mörfelder Landstraße

Am Haupteingang des Waldstadions kniet auf einem erhöhten Sockel eine Kurzstreckenläuferin in Startposition. Bei der Dargestellten handelt es sich um die Frankfurter Leichtathletin Emmy Haux (1904-1987). Sie gilt als inoffizielle Weltrekordlerin im 100-Meter-Lauf (1923 mit 12,8 Sekunden). Schöpfer der Bronzeskulptur war der Bildhauer Richard Martin Werner (1903-1949). Der aus Offenbach gebürtige Künstler erlernte an der Frankfurter Kunstgewerbeschule die Bildhauerei bei Richard Scheibe. Er schuf überwiegend Akte und Bildnisse.

Eine andere Skulptur Richard Werners hat sich jahrzehntelang im Besitz fast aller Bundesbürger befunden. Am 21. Juni 1948 führten die Westalliierten die DM in „Trizonesien" ein. Mit der Gestaltung der Münzen zu 1, 5 und 10 Pfennig wurde der Frankfurter Bildhauer Adolf Jaeger beauftragt. Das Stück zu 50 Pfennig entwarf Richard Werner. Das Bild ist bekannt. Eine kniende Frau pflanzt eine Eiche. Dieser Akt gilt als Symbol für den Wiederaufbau Deutschlands. Die Erstausgabe des 50-Pfennig-Stücks erfolgte am 14. Februar 1949. Am 1. 10. schied Richard Werner in Oberursel aus dem Leben.

Eine lokale Berühmtheit wurde die auf der Münze dargestellte Frau. Es war die Malerin Gerda Johanna Werner, die Ehefrau des Künstlers. Beim Wettbewerb um den Münzentwurf verwendete Werner Aktbilder seiner – zu diesem Zeitpunkt gerade schwangeren – Frau und ergänzte die Bilder mit verhüllenden Tüchern. Gerda Jo Werner erlangte eine gewisse Berühmtheit und verstarb hoch geachtet am 14. August 2004 in Oberursel.

Unwirtschaftlich
Lucien Albert Hahn

Westend, Ludwig-Erhard-Anlage

Frankfurt war die Wiege des deutschen Wirtschaftswunders: Die Kreditanstalt für Wiederaufbau, die die Gelder des Marshall-Plans verwaltete, die Ansiedlung der Bank Deutscher Länder, die die D-Mark am 20. Juni 1948 einführte, eine Entscheidung der Amerikaner, die aus Frankfurt eine Stadt der Banken machte, und schließlich die Einrichtung des trizonalen Wirtschaftsrates.

Aufgrund der durch Ludwig Erhard in Frankfurt geschaffenen Grundlagen zur „Sozialen Marktwirtschaft" und Erhards Eintreten für eine von der Politik räumlich wie währungspolitisch unabhängige Bank (i.e. die Bank Deutscher Länder, seit 1957 Deutsche Bundesbank) etablierten sich in der Stadt am Main zahlreiche Bank-Institute nach 1949 wieder oder neu, so auch die Deutsche Effecten- und Wechsel-Bank.

Die Gründung dieser Bank reicht in das Jahr 1821 zurück. Der Gründer der Bank war Löb Amschel Hahn, der Urgroßvater des Bankiers und Finanzwissenschaftlers Lucien Albert Hahn (1889-1986). Als Frankfurter jüdischen Glaubens geboren, war Hahn einer der einflussreichen Bankiers der 1920er Jahre. Von 1928 bis 1933 war er Honorar-Professor für Kreditwesen an der Frankfurter Universität.

Der Vater Hahns stiftete 1909 den Merkurbrunnen, der heute vor der Frankfurter Messe steht. Der Brunnen und die Figur des Merkur, des Gottes der Händler und Diebe, wurden 1916 von Hugo Lederer geschaffen. Die Ludwig-Erhard-Anlage, heute der große Kreisel vor dem Messeeingang, verbindet in ihrem Namen den erfolgreichen Wirtschaftsminister mit dem Frankfurter Bankhaus.

Unschuldig
Mahnmal Homo-
sexuellenverfolgung

Innenstadt, Stephanstraße, Klaus-Mann-Platz

Auf einem dreieckigen kleinen Platz mitten in der schwulen Aus-
gehmeile, der den Namen des homosexuellen Schriftstellers Klaus
Mann trägt, steht seit 1994 das „Mahnmal gegen Homosexuellen-
verfolgung" mit dem Bronzeengel der Kölner Künstlerin Rosemarie Trockel. Es ist das erste Denkmal in Deutschland zur Erinnerung
an die Verfolgung von schwulen Männern im Nationalsozialismus.

Für die Frankfurter Schwulen veränderte sich durch die Machtüber-
nahme der Nazis ihre Situation dramatisch. Razzien, geschlossene
Lokale, Gewalt, Verhaftung und Ermordung sind die Stichworte des
Terrors gegen Lesben und Schwule in der Zeit von 1933 bis 1945.
Am 1. September 1935 wurde der § 175 verschärft. Strafbar war nun
jede Zärtlichkeit unter Männern.

In Frankfurt fanden zwei große Aktionen gegen die zu Staatsfein-
den erklärten Schwulen statt. Binnen vier Wochen wurden im Frühjahr 1935 über 50 Männer in sogenannte „Schutzhaft" genommen
und gefoltert. Die Zahl der ermordeten schwulen Männer in
Deutschland betrug etwa 15.000.

An diese Greueltaten erinnert der „Frankfurter Engel". Aber auch
daran, dass die Verfolgung der Schwulen in der Bundesrepublik
fortgesetzt wurde. Der Paragraph 175 galt nicht als nationalsozia-
listisches Unrecht und blieb bis 1969 in Kraft. Dem Frankfurter
Bronzeengel wurde sichtbare Gewalt angetan. Sein Kopf wurde ab-
geschnitten, verletzt und leicht versetzt wieder auf den Torso ge-
fügt. Flügel und Schriftband waren schon bei der Originalfigur be-
schädigt.

Unterbrechung
Die Main-Staustufe von Griesheim

Griesheim, An der Staustufe

Eineinhalb Schleusen, fachlich richtig „Staustufen" genannt, betreibt das Wasser- und Schifffahrtsamt Aschaffenburg auf Frankfurter Gebiet: die bei Griesheim und die Staustufe Offenbach, deren nördlicher Teil in Frankfurt liegt.

Die Griesheimer Staustufe ist mehr als eine Schleuse, sie ist auch eine interessante Aussichtsplattform. Der Betrachter kann sich von dem 3 m breiten Laufsteg aus der Natur und der Technik gleichermaßen widmen. Vor dem Wehr dehnt sich der Main zu ungewöhnlicher Breite aus, was die Tierwelt auf ihre Weise zu nutzen weiß. Auf der Griesheimer Schleuseninsel brüten Graureiher und Kormorane. Auch an deren Nahrungsmittel, die Fische, ist gedacht. Sie überwinden die Stufe mittels einer Fischtreppe. Die Schleusenkammern werden täglich von etwa 60 Schiffen bevölkert.

Die Staustufe Griesheim wurde 1932 eingeweiht. Sie ist ein Walzenwehr mit einer Wehrbreite von dreimal 40 m. Das Äußere dieser zu ihrer Zeit modernsten und leistungsfähigsten Binnenschifffahrtsanlage Europas ist durch zwei kubische Wehrpfeiler im Bauhausstil geprägt. Die Schleusenanlage hebt oder senkt die Schiffe um 4,5 m. Die beiden nebeneinanderliegenden Schleusenkammern sind 344 m lang und 12 m breit. Neben dem Wehr und den beiden Schleusen wird auch eine Wasserkraftanlage betrieben. Dieses Kraftwerk der Mainova erzeugt eine jährliche Strommenge von etwa 35 Millionen kWh, die in das Frankfurter Netz eingespeist wird.

Unzucht
Helga Matura

52

Gutleut, Gutleutstraße 85

Vieles am Mord an Helga Matura im Jahre 1966 erinnerte die Frankfurter an die neun Jahre zuvor ermordete Rosemarie Nitribitt: Beide waren 1933 geboren worden, die Nitribitt am 1. Februar, Helga Matura am 19. August. Beide zelebrierten in unzeitgemäß offener Weise ihren Kundenfang in Frankfurt. Ein auffallendes weißes Mercedes-Cabriolet, elegante Maßkleider und Pelzmäntel ergaben das Erscheinungsbild einer Frankfurter Geschäftsfrau, der so gar nichts „Nuttiges" anzusehen war. Beider Kunden stammten aus den wohlhabenden „besten Kreisen".

Am 27. Januar 1966 dann wurde die Tote wenig bekleidet vor ihrem Himmelbett liegend gefunden. Mit 16 Stichen eines Pfeifenbestecks wurde die ehemalige Judo-Lehrerin nach heftigem Kampf getötet.

Die Mordermittlungen der Frankfurter Polizei erwiesen sich als außerordentlich schwierig. Helga Matura hatte es verstanden, ihr Privatleben gut zu vertuschen. Sie lebte zunächst im Frankfurter Westend und dann in der Gutleutstraße. Nach einer Lehre als Hutmacherin arbeitete sie als Mannequin und wurde 1952 Zweite bei der Wahl zur Miss Rheinland. Im selben Jahr heiratete sie in Düsseldorf, ließ sich aber nach nur wenigen Jahren wieder scheiden. Bis heute wurde kein Mörder gefunden. Helga Matura wurde am 2. Februar 1966 in Recklinghausen beerdigt.

Helga Maturas Leben und Sterben inspirierte Autoren und Künstler gleichermaßen. Der Kölner Maler Gerhard Richter hat sie gleich zweimal in Öl gemalt. Der Autor Jan Seghers verarbeitete ihre Geschichte im Kriminalroman „Die Akte Rosenherz" (2010).

Ungewöhnlich
Das Maurice-Rose-
Army-Airfield

53

Bonames, Am Burghof 55

Im Wiesengelände an der Nidda bei Bonames liegt Frankfurts einzige Flughafenruine. Die 750 m lange Landebahn aus Beton befindet sich bereits gegenüber der Natur in der Defensive. Das Gebiet neben der Landebahn wird regelmäßig gemäht und dient bereits als Erholungsgebiet. Über eine Rollbahn geht es zu dem Gelände der Hubschrauberabstellplätze. Dies sind elf Betonfelder zu je 100 qm. Die Betonplatten wurden entfernt und am Ende der Rollbahn zu einem Aussichtspunkt gestapelt.

Maurice Rose (1899-1945) war ein amerikanischer Brigadegeneral jüdischen Glaubens. Nach ihm benannten die Amerikaner dieses Airfield, angelegt an der Stelle einer bereits als Feldflughafen genutzten Wiese. Das 11th Aviation Bataillon der US-Army war hier nach dem Zweiten Weltkrieg stationiert. Das Gelände wurde von der Stadt Frankfurt 1992 erworben und einer öffentlichen Nutzung zugeführt. Im ehemaligen Tower befindet sich heute ein Café. Die Anlagen des ehemaligen Hangars beherbergen ein Feuerwehrmuseum und dienen auch als Event-Location.

Heute beherrscht die Natur das Flughafengelände. Eine Brücke über die Nidda stellt eine wichtige Verkehrsverbindung zwischen Frankfurt und Bad Homburg dar. Sie trägt den Namen des bekannten Dichters und Zeichners Robert Gernhardt. Das von ihm oft beobachtete „Grüngürteltier" ist hier heimisch. Daher wurde ihm auf dem Geländer der Brücke ein kleines Bronzedenkmal gewidmet.

Unterholz
Die Mendelssohnruhe

54

*Stadtwald Sachsenhausen, Mendelssohnweg/
Ecke Schäferschneise*

Der Komponist Felix Mendelssohn-Bartholdy promenierte gerne im Sachsenhäuser Stadtwald. In bester Stimmung komponierte er hier die „Sechs Lieder im Freien". Anfang Juli 1839 fand am Rindspfad bei der Oberschweinestiege ein Fest im Wald statt. Auf diesem Fest sangen die Teilnehmer jene Lieder. Der Komponist war anwesend und erlebte deren Uraufführung.

Für Mendelssohn, geboren 1809 in Hamburg und gestorben bereits 1847 in Leipzig, war Frankfurt eine zweite Heimat. Als jugendlicher Pianist trat er 1822 mit seiner Schwester Fanny beim Cäcilienverein auf. 1836 machte er dank Philipp Veit, dem Direktor der Städel-Galerie, die Bekanntschaft mit der Familie Jeanrenaud, Predigern der französisch-reformierten Gemeinde. Mendelssohn verliebte sich in die Tochter Cécile Jeanrenaud (1817-1853): „Ich bin so entsetzlich verliebt, wie noch niemals in meinem Leben, und ich weiß nicht, was ich anfangen soll." Die beiden heirateten im März 1837 in der reformierten Kirche am Goetheplatz. Dann zog das Paar nach Leipzig.

Der Gedenkstein befindet sich an einem Waldpfad in einem kleinen Halbrund unter Buchen. Man findet ihn nicht leicht. Wir sind am Mendelssohnweg in der Waldparzelle 81, unweit der Kreuzung zur Schäferschneise. Der Stein wurde im Jahre 1906 von der Familie Jeanrenaud gestiftet. Die Nazis ließen ihn 1934 zerstören und von Waldarbeitern vergraben. Zwei Jahre nach dem Krieg wurde er wieder ausgegraben und erneut aufgestellt. Der Findling aus Syenit trägt eine bronzene Erinnerungstafel mit Inschrift zu Ehren des großen Komponisten.

Unkenntlich
Mittelursel

55

Niederursel, unter der Brücke der A 5 über
den Urselbach

Es gibt Oberursel und Niederursel. Wo ist Mittelursel? Heute nicht mehr sichtbar. Es war ein kleines Dorf zwischen Niederursel und Weißkirchen mit einem Mönchshof. Mittelursel lag da, wo heute die Autobahn das Urselbachtal überquert. Der Mönchshof in Mittelursel gehörte den Prämonstratenserinnen in Retters. Mit der Reformation begann der Niedergang von Mittelursel. Die protestantischen Belagerer Frankfurts hinterließen eine breite Spur der Verwüstung. Das Mittelurseler Feld wurde 1592 zwischen Niederursel und Weißkirchen aufgeteilt. Mit dem Dreißigjährigen Krieg dürften die letzten Reste Mittelursels verschwunden sein.

1936 begann der Bau der Autobahnbrücke über das Urselbachtal, genau über dem wüst gefallen Mittelursel. Die Autobahn war Bestandteil der seit 1926 projektierten Autobahn „HaFraBa" (Hamburg-Frankfurt–Basel). Die Brücke ist eine der ältesten Autobahnbrücken Deutschlands. Das erste Teilstück zwischen Frankfurt und Darmstadt mit einer Länge von 22 km war 1935 dem Verkehr übergeben worden. Erstmals in Europa wurde der Werkstoff Beton in Massenproduktion verwendet. Die Brücke war ein architektonisch anspruchsvoller Bau aus Stahltragwerken. Der Landschaft gut angepasst, wirkte sie zierlich und modern.

An der Baustelle der Urselbachbrücke errichtete der NS-Studentenbund der Frankfurter Städelschule ein Ausbildungs- und Schulungslager. Mehrere Stunden täglich wurde die Brückenbaustelle gezeichnet und gemalt. Diese und weitere 516 Autobahnbrücken wurden Anfang 1945 von deutschen Truppen gesprengt, um den Vormarsch der Alliierten zu erschweren.

Untergang
Der „Monte Scherbelino"

56

Offenbacher Kreuz, Nordwestecke

Am Offenbacher Kreuz staut sich oft der Verkehr. Hier trifft die viel befahrene A 3 auf die regionale Tangente A 661. Zeit genug also, sich umzuschauen. Das Offenbacher Kreuz liegt am Fuße eines Hügels, der sich 47 m über das Straßenniveau erhebt. Es ist der „Monte Scherbelino". Sein Volumen umfasst etwa 10 bis 12 Millionen Kubikmeter. Hier befand sich ursprünglich eine Sandgrube, die seit 1925 als Mülldeponie genutzt wurde. Die Müllhalde diente im Krieg dann auch als Deponie für die Entsorgung der Trümmer der südlichen Stadtteile nach dem Untergang von 1943. Überwiegend besteht aber der „Monte Scherbelino" aus dem normalen Haushalts- und Industrieabfall Frankfurts.

Die Mülldeponie bestand bis 1968 und sorgte für eine gründliche Vergiftung des umliegenden Grundwassers. Gerade unter dem Westhang liegt einschlägig der kleine „Scherbelinoweiher". Nach Ende der Deponie entstand hier als Naherholungsgebiet eine Grünanlage mit Bäumen und Wiesen. Die Anlage wurde 1972 eröffnet, samt Bushaltestelle, Grillhütten und Wasserhäuschen. Dies fügte sich zusammen mit einem Kinderspielplatz an und auf dem Berg. Eine kleine Eisenbahn führte die Gehschwachen auf den Gipfel. Eine aus Holzstämmen errichtete Westernstadt war den Kindern ein tolles Spielrevier. Der mit Bäumen bepflanzte Gipfel besteht aus drei Erhebungen mit einer absoluten Höhe von 160,6, von 169,9 und von 163,4 m. Dennoch wurde der „Monte Scherbelino" geschlossen und ist heute abgesperrt. Die Firma Bilfinger & Berger ist am Berg ausweislich der Beschilderung mit einer Umweltsanierung beschäftigt.

Unten

Heiner Müllers
Kanaldeckel

Innenstadt, Willy-Brandt-Platz

Das wohl bekannteste Portraitfoto des großen Dramatikers Heiner Müller entstand 1982 vor dem Frankfurter Schauspielhaus. Der österreichische Fotograf Joseph Gallus Rittenberg hatte mit Müller in Frankfurt einen Fototermin vereinbart. Für die Séance lüftete Rittenberg verbotenerweise einen Kanaldeckel. Müller, der notorisch unpünktlich war, kam überraschenderweise auf die Minute. Er ging wortlos auf Rittenbergs Inszenierungsvorschlag ein, kletterte hinein und schaute aus dem Kanal heraus. Es mag ihm gefallen haben, sich als Geist im Gully präsentiert zu sehen.

Die Frankfurter Kanaldeckel wurden von den Firmen Buderus in Limburg und ACO-Passavant hergestellt. Die reformierte Familie Passavant hat eine lange unternehmerische Tradition in Frankfurt. Adolf Samuel Passavant (1841-1926) war ein erfolgreicher Architekt und Unternehmer. Er erwarb 1884 die Michelbacher Hütte zwischen Limburg und Wiesbaden. Das Unternehmen wurde weltweit bekannt mit Gusskanaldeckeln. Die Familie veräußerte es an Bilfinger & Berger, wobei ACO-Guss die Kanalsparte übernahm.

Heiner Müller (1929-1995) war einer der wichtigsten deutschen Dramatiker des 20. Jahrhunderts. Er schrieb Prosa, Dramen und Lyrik und war Regisseur bei Theater und Film. Müller war Träger vieler wichtiger Staatspreise der DDR, wurde aber auch immer wieder ausgegrenzt. Begraben wurde er auf dem Dorotheenstädtischen Friedhof in Berlin, dem Friedhof der geistigen Elite Preußens. Die Stadt Frankfurt veranstaltete 1990 zu Ehren Heiner Müllers das Festival „Experimenta".

Unternehmen

Die Neckermann-Zentrale

Fechenheim, Hanauer Landstraße 360-400

Es gibt an der Hanauer Landstraße einen Lagerhallenkomplex, den drei Jahre nach seiner Fertigstellung das New Yorker „Architectural Forum" unter die zehn besten Bauwerke der Welt einreihte. Der Textilgroßhändler Josef Neckermann erwarb 1959 ein Gelände von 216.000 qm, um dort das Zentralgebäude seines Versandhauses zu errichten. Als Architekt konnte er Egon Eiermann gewinnen.

Zwischen Auftragserteilung und Übergabe lagen nur zwei Jahre, davon sechs Monate für die Rohbauarbeiten. Dank Dehnungsfugen in Quer- und Längsrichtung konnten mehrere Baufirmen gleichzeitig an demselben Gebäude tätig sein. Bis zu 1000 Personen arbeiteten auf der zeitweise größten Baustelle Europas. Der Bau ist 257 m lang, 65 m breit und 29 m hoch. Das Bauwerk ist ein Stahlbeton-Skelettbau mit einem Grundraster von 6 x 6 m. Alle Räume waren mit den fortschrittlichsten Technologien ausgestattet, wie Rohrpost, Schallschutzanlagen, Sprechanlagen, Klimaanlagen und automatischer Frischluftzufuhr. Kesselhaus, Pförtnerhaus, Werkstätten, Garagen, eine Tankstelle und ein Kaufhaus vervollständigten die Anlage.

Im Casino versorgte die modernste Großküche der BRD 4000 Personen pro Tag. Sie konnte 1000 Menschen binnen 30 Minuten mit Essen versorgen. Für das Wohl der Mitarbeiter gab es Bade-, Fernseh- und Spielräume. Josef Neckermann sorgte persönlich dafür, dass zwei Straßenbahnlinien vor dem Haus eine Haltestelle erhielten. Und dass die Taktfrequenz der Bahn gegen Schichtende erhöht wurde.

Unersättlich

Die Ochsenküche auf dem Römerberg

Innenstadt, Römerberg

Vier Steine mit der Aufschrift „OK" auf dem Frankfurter Römerberg geben nicht nur dem Touristen Rätsel auf. Die „OK"-Markierungen bezeichnen eine Stelle vor der Alten Nikolaikirche als den Ort der historischen Ochsenküche auf dem Frankfurter Römerberg. Hier wurde als Teil der Volksbelustigung nach der Krönung der Kaiser im Frankfurter Dom für zwei Tage ein Ochse am Spieß gebraten.

Für die Zubereitung des Ochsen wurde schon 1612 ein Rezept niedergeschrieben: „Der Ochs ward gebraten ganz und gar ... Im Bauch des Ochsen fült man eyn, gantz Kelber, Hammel, junge Schwein, vom Wildtpret, wie das ganz genannt, man alles in diesem Ochsen fandt." Das erste Stück des Ochsen wurde als Teil des Krönungsmahls im Frankfurter Römer dem neu gekrönten Kaiser gereicht. Danach wurde die zuvor streng bewachte Ochsenküche den Frankfurter Metzgern und Zimmerleuten zur Erstürmung freigegeben. Regelmäßig kam es bei den Tumulten zu Verletzten und sogar zu Toten.

Johann Wolfgang Goethe beschrieb die Erstürmung der Ochsenküche am 3. April 1764 zur Krönung Josephs II. in seiner Autobiografie „Dichtung und Wahrheit" wie folgt: „Um den gebratnen Ochsen aber wurde diesmal wie sonst ein ernsterer Kampf geführt. Man konnte sich denselben nur in Masse streitig machen. Zwei Innungen, die Metzger und Weinschröter, hatten sich hergebrachtermaßen wieder so postiert, dass einer von beiden dieser ungeheure Braten zuteil werden musste."

Unbelebt
Der Ostbahnhof

Ostend, Danziger Platz

Nicht alle Bahnhöfe sind schöne Gebäude. Der Frankfurter Ostbahnhof ist so ein Fall. Er wurde 1848 als Kopfbahnhof der Frank-
furt-Hanauer Eisenbahn erbaut. Die vorhandene Bahnstrecke
wurde über den Main verlängert und an den Hauptbahnhof ange-
schlossen. Den Fluss überspannen die drei Bögen der Deutsch-
herrnbrücke. Der Ostbahnhof wurde 1913 als Durchgangsbahnhof
neu eröffnet, versehen mit einer riesigen Eingangshalle. Der Bahn-
hofsvorplatz wurde „Danziger Platz" getauft, da der Bahnhof nach
Osten Richtung Danzig wies.

Mit der Zerstörung des Ostbahnhofs 1944 begann das Elend. Eine
provisorische Überdachung nach dem Krieg schützte den Perso-
nen- und Warenverkehr notdürftig. 1961 wurde ein Neubau in stren-
ger Kubusform errichtet. Im ehemaligen Schnellimbiss befindet
sich noch eine Mosaikarbeit von Lina von Schauroth. Die Wandflä-
che des Obergeschosses zeichnet sich durch fensterloses Mauer-
werk aus. Jede einladende bauliche Geste zum Leipziger Platz hin
wurde ängstlich vermieden. Im Inneren sorgen Sprayer großzügig
für Kunst am Bau.

Die Funktion des Bahnhofs erweiterte sich 1999 mit der Aufnahme
der U-Bahn. Dennoch wirkt er unbelebt und verwahrlost. Mehrere
Aufgänge sind gesperrt und tragen ersten Neubewuchs. Das Emp-
fangsgebäude ist eine Ruine mit verschalten Fenstern. Die Ober-
lichtfenster sind eingeworfen. Eine provisorische Stahlkonstruk-
tion rettet das Gebäude vor dem Einsturz. Wie das Gebäude, so der
Vorplatz. Reste alter Straßenbahngleise, unvollständige Pflaste-
rung und Teerstellen erzeugen ein gruseliges Ensemble.

Unordentlich
Der verlorene Park

Bockenheim, Rödelheimer Straße 34

An der Südseite des Hausener Wegs in Bockenheim lagen zwei vornehme Anwesen: der Bernus'sche Park mit Schloss und der Schönhof. Dessen Besitzer wurde 1743 der Bankier Isaak d'Orville. Der geldbedürftige Kaiser Karl VII. – er regierte im Palais Barckhaus auf der Zeil – verlieh ihm den pompösen Titel „Edler von Löwenclau und Herr von Schönhofen". Ein großer Name für einen kleinen Gutsherrn.

Die älteren Gebäude wurden 1819 ein Raub der Flammen. Die neuen Besitzer führten einen großzügigen Umbau mit klassizistischen Ergänzungen durch. Der berühmte Architekt Salins de Montfort legte ein neues Wirtschaftsgebäude und ein Herrenhaus an, der alte Ziergarten wurde zu einem Landschaftsgarten umgestaltet. Um einen zentral gelegenen Hof entstand ein länglicher rechteckiger Gebäudekomplex. An der Parkecke zur Straße stand ein ansehnlicher Pavillon.

Das Ende des Schönhofs kam mit der Eisenbahn. Die Trasse der Main-Weser-Bahn bedeckte ab 1845 den Westteil des Parks, und die Dammaufschüttung der Straßenüberführung gab dem Park den Rest. 1898 übernahm die Stadt Frankfurt die Reste des Gutes. Ein Baum blieb übrig, die Eiche am Ende des Bolzplatzes. Das Herrenhaus des Schönhofs steht noch da. Es beherbergt Wohnungen und das Restaurant „Dionysos". Im Westen schließt sich eine von Fußgängern und Radfahrern viel genutzte Eisenbahnüberführung an. Der unordentliche Rest des Parks dient als Bolzplatz, daneben stehen eine Tischtennisplatte und ein Basketballkorb. Mitten im Geschehen liegt der griechische Biergarten.

Untereinander
Parkhaus Hauptwache

62

Innenstadt, Kornmarkt 10

Eine fein mit Klinker renovierte Fassade zum baumbestanden Platz gab mit ihrer Werbung dem Ort jahrelang seinen Namen. Eine große, die Fassade einnehmende Werbung für Linoleum machte den Ort bei den Frankfurtern als „Linoleum-Plätzchen" bekannt.

Das Parkhaus am „Plätzchen" ist ein besonderes. Es war das erste öffentliche Parkhaus der Bundesrepublik, wurde am 18. September 1956 eröffnet und steht heute unter Denkmalschutz. Die Frankfurter Allgemeine Zeitung schrieb damals: „Das Problem ist durch Übereinanderschichten der Parkplätze zu lösen." Und in der Frankfurter Rundschau stand: „Geparkt wird übereinander." Der Frankfurter Oberbürgermeister Walter Kolb starb zwei Tage nach der mit großem Aufwand gefeierten Einweihung.

Das Parkhaus wurde von den Architekten Max Meid und Helmuth Romeick geplant. Die beiden sind mit vielen für die 50er Jahre typischen Gebäude in Frankfurt vertreten. Das Gebäude hatte für 392 Autos und 60 Motorräder Platz. Die Parkstunde kostete anfangs 20 Pfennig.

Das Parkhaus wurde auch Filmkulisse. In Rolf Thieles Film „Das Mädchen Rosemarie" von 1958 fährt, dramatisch von Musik begleitet, eine Kolonne protziger Wagen kurz vor der Ermordung der Prostituierten aus dem Parkhaus. Vor dem Gebäude, an seiner Westseite, befand sich ehemals eine Tankstelle. Es ist bezeugt, dass die wirkliche Rosemarie Nitribitt regelmäßig ihre Kunden beim Tanken einlud. Heute steht an dieser Stelle die Skulptur „Modulor" des Künstlers Eberhard Fiebig von 1993.

Unbehaglich
Paternoster im Bayerhaus

63

Innenstadt, Eschenheimer Tor

Für viele gehören die Hochhäuser zu Frankfurt wie die Musik zum Handkäs'. Tatsächlich aber hat der Hochhausbau in Frankfurt Geschichte. Die ersten drei Hochbauten ihrer Epoche entstanden in den späten 1920er Jahren. Der Mousonturm (1926), das Gewerkschaftshaus (1931) und das IG-Farben-Haus (1931).

Von den wenigen verbliebenen Hochhäusern der Nachkriegszeit ist das „Bayerhaus" von Karl und Stefan Blattner von 1952 eines der typischen. Heute als Hotel genutzt, war es ursprünglich das Bürogebäude der Chemiefirma Bayer. Dieses eigenständige Gebäude mit seinem auf filigranen Säulen schwebenden Dach setzt einen Akzent an diesem verkehrsumtosten Platz.

Der mit Naturstein verkleidete Bau beherbergt eine besondere Sehenswürdigkeit: das luxuriöse Treppenhaus mit seinen in Frankfurt selten gewordenen Paternosteraufzügen. Dies ist ein sogenannter „Personen-Umlaufaufzug". Die Aufzüge sind an zwei Ketten aufgehängte Kabinen, die über große Scheiben an den Wendepunkten im Keller und auf dem Dach eines Gebäudes laufen und elektrisch angetrieben werden.

Ein filmisches Denkmal wurde einem Frankfurter Paternoster in einem Film nach einer Geschichte von Heinrich Böll von 1955 gesetzt. In „Doktor Murkes gesammeltes Schweigen" mit Dieter Hildebrandt von 1965 sind die Paternoster vom Gebäude des Hessischen Rundfunks zu sehen. In Frankfurt fahren neben den Paternostern im Bayerhaus unter anderem solche Aufzüge im IG-Farben-Hochhaus oder im Peter-Behrens-Bau in Höchst.

Unbemerkt
Der Peterskirchhof

Innenstadt, Bleichstraße, Stephanstraße

Mit der Erweiterung Frankfurts nach 1333 entstand für die größer gewordene Stadt ein neuer Friedhof im Nordosten, noch innerhalb der neuen Stadtmauer. Er ersetzte den älteren Friedhof an der Ostseite der St. Bartholomäus-Stiftskirche. Der neue Friedhof lag an der Peterskapelle und hieß Peterskirchhof.

Der seit dem Jahr 1453 genutzte Friedhof ist der alte „Hauptfriedhof" Frankfurts. Hier liegen neben den bekannten Frankfurter Familien viele tausend heute namenlose Frankfurter beerdigt. Der Peterskirchhof wurde bis 1746 mehrfach erweitert. Zu den bekanntesten Gräbern des Friedhofs zählen die Gräber der Eltern Goethe, die Grablegen der Holzhausens, Passavants, Bethmanns, Grunelius, Merians, Nestlés und Du Fays.

Zwei besondere Gräber auf dem Friedhof sind die Grabstätten der Familien Passavant und Bethmann, deren alte Pracht mit Wetterhäusern auffällt. Das Grabmal von Johann Philipp und Simon Moritz, den Bankiers Gebrüder Bethmann, schuf 1751 L. Auffmuth. Dem in rotem Sandstein ausgeführten, altarähnlichen barocken Grabstein fehlen heute zwei Figuren, die Liebe und Glaube symbolisierten. Direkt neben diesem Grab befindet sich das Grab der Familie Passavant, die als Fabrikant der Kanaldeckel Frankfurts aufmerksamen Frankfurtern ein Begriff ist.

Der Friedhof wurde nach 1828, mit der Anlage des neuen Hauptfriedhofs, nicht weiter genutzt. Er bietet heute nurmehr ein rudimentäres Bild der ursprünglichen Anlage.

Unflat

Pissoir, Waagen-
häuschen & Kiosk am Osthafen

65.

Ostend, Franziusstraße

Der Bau des Frankfurter Osthafens von 1909 bis 1912 war das größte Infrastrukturprojekt seiner Zeit. Auf dem großen Gebiet des Osthafens verstecken sich einige architektonische Kostbarkeiten. Der Schwedler See, ein Künstlerbunker und eine kleine Verkehrsinsel mit Kiosk, ein Waagengebäude und ein Pissoir aus den Jahren um 1910, der Entstehungszeit des Osthafens.

Der kleine Toilettenbau ist der letzte seiner Art, wie diese früher in Frankfurt üblich waren. Das 19. Jahrhundert mit den aufkommenden Ideen zur Hygiene ließ auch in Frankfurt öffentliche Bedürfnisanstalten mit Anschluss an die Schwemmwasserkanalisation entstehen. Die ersten Pissoirs in der Stadtmitte datieren aus den 1880er Jahren. Leider ist das ansprechende Gebäude des Osthafens im Stil des frühen Art déco zurzeit nicht zu benutzen.

Hinter dem Rundbau befinden sich, aus späteren Tagen, ein Waagenhaus und schließlich ein typisches Frankfurter Wasserhäuschen, von denen es heute noch 280 in der Stadt geben soll. Allerdings wenige wie den einfachen Typ an der Franziusstraße, bei dem die fast ursprünglichen, rot-weiß gestrichenen Holzplanken erhalten geblieben sind. Die Architektur der Trinkhallen ist sehr ähnlich. An der Franziusstraße ist dies ein einfacher eckiger Pavillon mit überstehendem Dach für den Wetterschutz.

Die Geschichte der Trinkhallen liegt im Namen der „Wasserhäuschen" begründet. Ab 1860 vergab die Stadt Frankfurt Konzessionen an verschiedene Unternehmer zum Verkauf von Mineralwasser.

Unterstand
Das hessische Pompeji

Römerstadt, Titusstraße

Ein merkwürdiges Betonhäuschen am Hang zur lauten Rosa-Lu-xemburg-Allee. Man erblickt es von der Brücke der Titusstraße aus, dicht vor dem Nordwestzentrum. Die Sprayer haben das ihrige zur Fassadengestaltung beigetragen. Es gibt wirklich keinen vernünfti-gen Grund, sich dieses Gebilde näher anzuschauen. Aber dennoch. Eine Schautafel und ein Plan erklären den Besuchermassen, dass sich darin die Überreste zweier römischer Töpferöfen aus dem 2. Jahrhundert befinden. Sie wurden 1972 gefunden und gehörten zu einer Töpfersiedlung vor dem Nordtor einer Römerstadt. Gelingt es dem Blick, die trüben Scheiben zu durchdringen, dann ist in der Tat eine gut erhaltene Anlage auszumachen.

Diese Öfen sind, zusammen mit einem Stück Wallanlage vor dem Haus „Am Forum 29", die einzigen Überreste von Nida, dem Haupt-ort der Civitas Taunensium. Diese Siedlung entwickelte sich in Zu-sammenhang mit Militärlagern und Kastellen im Bereich von Praunheim und Heddernheim. In ihren Anfängen war sie ein Lager-dorf. Daraus entwickelte sich nach Abzug der Garnison um 110 n. Chr. eine römische Stadt mit Straßennetz und Wohn- und Verwal-tungsgebäuden. Im Zentrum befanden sich der Marktplatz, das Prä-torium und die Thermen. Den kulturellen Sektor belegte ein Sze-nentheater aus Holz, das ca. 1000 bis 1500 Besuchern Platz bot. Eine Stadtmauer wurde zu Anfang des 3. Jahrhunderts errichtet. Römerlager und Römerstadt sind heute gründlich überbaut. Was seinerzeit gefunden und freigelegt wurde, hätte das Zeug zu einem hessischen Pompeji gehabt.

Unrecht

„Zum Prinz Carl", ein
Renaissance-Treppenturm

67

Innenstadt, Alte Mainzer Gasse

Aufmerksamen Kennern der architektonischen Relikte der historischen Frankfurter Stadtmitte war der Treppenturm zwischen Buchgasse und Karmelitergasse schon immer im Bewusstsein. Aber erst
mit dem Abbruch der den Treppenturm umgebenden Gebäude der
1950er Jahre wurde der Gebäuderest sichtbar. Während der Bauarbeiten stand er frei und etwas rätselhaft inmitten einer großräu-
migen Baustelle.

Auf einem oktogonalen Grundriss erhebt sich der Turm mit Arkaden aus Sandstein. Im Turm sind die für die Renaissance typischen
trapezförmigen Fenster zu sehen. Auch zwei Zugänge in Höhe des
ersten Stockwerkes sind auszumachen. Am Fuß des Turmes befindet sich eine zusätzliche Arkade mit einigen aufwendig gestalteten
Konsolsteinen. Diese Architekturfragmente weisen auf ein zu dem
Turm gehörendes Gebäude hin. Am Sockel des Turmes befindet
sich ein schöner Wandbrunnen mit Muschelornament.

Treppentürme wie diese gab es in der Altstadt Frankfurts nicht wenige. Sie gehörten als seitlicher Anbau zu den Fachwerkgebäuden
und bildeten für deren Bewohner einen feuersicheren Weg aus den
Häusern. Der Treppenturm „Zum Prinz Carl" gehörte bis zur Zerstörung der Frankfurter Altstadt 1944 zu einem Hof, der im Laufe seiner Geschichte auch „Groß Rüstenberg" hieß. Hier war unter anderem Kaiser Maximilian 1495 zu Gast. Er hatte kurz zuvor Frankfurt
zum Sitz des Reichskammergerichts bestimmt. Der Gerichtshof im
„Groß Rüstenberg" war für kurze Zeit das höchste Recht spre-
chende Organ des Heiligen Römischen Reiches Deutscher Nation.

Unsauber

Das Pumpwerk Hinkelstein

68

Schwanheim, an der Mainzer Schneise

Unsauber? Ganz im Gegenteil. An der alten Mainzer Schneise im Schwanheimer Wald, nicht weit entfernt von der Grenze zu Kelsterbach, überrascht den Spaziergänger eine Umzäunung, die eine gepflegte Gartenanlage samt einem rötlichen Kuppelgebäude einhegt. Es ist das Pumpwerk Hinkelstein.

Der Hinkelstein ist die größte Grundwassererfassungsanlage des Frankfurter Stadtwaldes. Das Pumpwerk wurde zwischen 1890 und 1893 nach den Plänen von Stadtbaurat William H. Lindley errichtet. Die Fassungsanlage Hinkelstein speiste sich aus 210 Brunnen, die im Abstand von 10 Metern angelegt waren. Diese verband ein begehbarer Kanal. Das Grundwasser befindet sich in einer Tiefe von etwa 15 Metern. Zwei Dampfpumpenmaschinen förderten täglich etwa 12.000 bis 18.000 Kubikmeter Wasser. Der Hochbehälter für den Hinkelstein befand sich mit 35 Metern Höhenunterschied an der Sachsenhäuser Warte.

Die markante Erscheinung hat der Hinkelstein einer eindrucksvollen Rotunde von 12 Metern Durchmesser zu verdanken. Sie überdacht die Maschinen und Pumpen, zugänglich über einen zweigeschossigen Gang. Das Innere der Rotunde war mit weiß glasierten Ziegeln ausgekleidet. Die Außenwand ist durch zehn Strebepfeiler gegliedert. Zwischen den Pfeilern befinden sich dreigeteilte Fenster, mit Säulen voneinander getrennt. Darüber, am Fuß des aus glasierten Ziegeln gemauerten Daches, befinden sich zehn übergiebelte Gauben. Den Abschluss der Kuppel bildet eine Laterne aus Gusseisen, auf der eine kleine kupferne Skulptur steht.

Unentbehrlich
Der Quirinsbrunnen

Oberrad, Offenbacher Landstraße 13

Frankfurts Geschichte als Handelsstadt reicht bis in das 11. Jahrhundert zurück. Die Einrichtung der Frankfurter Messen datiert von 1241 und 1330. Einige Orte in der Altstadt erinnern an die alte Messe und die Handelstätigkeit. So etwa die Neue Kräme, in der der „Kram", das sind Haushaltswaren, verkauft wurde. Der Rossmarkt war ein bedeutender Ort als Pferdemarkt. Die Messehöfe der Altstadt, zwischen Altem Markt und Braubachstraße gelegen, gehörten zu den wichtigsten Orten des Warenumschlages der Messe, ebenso die Zeil.

Zur Organisation der Frankfurter Messe gehörte auch ein über Jahrhunderte hinweg verbrieftes und immer wieder bestätigtes Schutzsystem, das sogenannte „Geleit". Frankfurts Schutz für die Händler endete an verschiedenen Übergabepunkten. Einer davon war an der Stelle des heutigen Quirinsbrunnen vor Oberrad. Hier begannen sieben Handelswege in verschiedene südliche Richtungen, vor allem in Richtung Steinheim und Seligenstadt. Am Quirinsbrunnen wurde der jeweils zugesicherte Schutz den Kaufleuten bei Abreise aus Frankfurt zur Seite gestellt. Der Name des Brunnens erinnert an einen Torwächter namens Quirin, der sich im 16. Jahrhundert bei den Kaufleuten einer gewissen Beliebtheit erfreute.

Die Pforte wurde 1552 abgebrochen. Später entstand an der Stelle des Geleitbeginns ein klassizistischer Pumpenbrunnen des Jahres 1790. Der Brunnen ist ein Sandsteinobelisk mit großen Medaillons und einer bekrönenden Deckelvase. Er ist eine der letzten Erinnerungen an die alte Tradition des Frankfurter Messegeleits.

Ungemütlich
Hoch auf dem Riedberg

70.

Riedberg, Riedbergplatz 1

Blasender Wind und Rauschen der Autobahn. Ein Stadtteil in Arbeit. Viele Kräne. Neue U-Bahn-Strecke. Sonntagmorgen: Kinderbesitzer an den Spielgruben. Ein frierender Wachmann raucht. Ein Verkaufspavillon reimt „Individualität – Lebensqualität". Dieses Viertel wird „urban, lebendig, zukunftsorientiert sein". Schwer zu glauben. „Hochwertige 2-5-Zimmer-Wohnungen erwarten Sie." Die Rhein-Main-Residenz umgarnt die Oldies mit dem „Wohnkonzept 50 plus".

Das Zentrum des Riedbergs befindet sich auf dem Gipfel des Riedbergs. Es ist ein vierteiliger Gebäudekomplex mit Versorgungs-, Büro- und Wohneinheiten. Das Gebäude wird auf etwa drei Metern Höhe von einem 1,5 Meter hohen Band umfasst, dass sich im vollen Umfang von 460 Metern um das Haus zieht. Dieses Band besteht aus glänzend lackierten Aluminiumplatten, auf die runde Metallfolien geklebt sind. Bei genauerer Betrachtung entpuppt sich das Band als ein Text in Blinden- (Braille-) Schrift. Derartige Installationen verdanken wir seit Längerem der Einrichtung „Kunst am Bau".

Die Buchstaben folgen einem Text von Thomas von Aquin und behandeln den Unterschied zwischen erkennenden Wesen und nicht erkennenden Wesen. Der Künstler Klaus Schneider schuf hier ein Werk der visuellen Poesie als Sprache im öffentlichen Raum. Ein hoher philosophischer Anspruch für die Neubürger des neuen Viertels. Junge Familien sollen die Möglichkeit haben, zu akzeptablen Preisen Wohneigentum zu schaffen. Am Ende sollen hier rund 15.000 Menschen in etwa 6000 Wohneinheiten leben.

Unwohl
Riederhöfe

Ostend, Hanauer Landstraße, Ratswegkreisel

71

Eine Faszination des Grauens. Hier hat sich ein Architekt als Liebhaber des Gruselfilms geoutet. Der Zuweg der Bahnhaltestelle „Riederhöfe" der Linie 11 ist von atemberaubender Schauderhaftigkeit. Wörtlich atemberaubend. Denn bei dem intensiven Uringeruch muss der Atem angehalten werden. Alternative: durch den Mund atmen, wie bei Straßenunterführungen in Madras. Eine Unzahl von Graffiti zeugt von privat angebrachter Kunst am Bau. Mit Verlassen der Tram beginnt ein kostenloser Erlebnispark, Gruseln inbegriffen. Flucht auf die Straße ist verboten, so bleibt nur der Abstieg in die Tunnelhölle. Die Abgänge beider Seiten vereinigen sich bei einer Säule. Es beginnt ein 80 Meter langer Höhlenweg von kafkaesker Qualität. Ist dieser durchschritten, droht im Quertunnel die nächste Gefahr. Der Passant wird von Radfahrern abgeschossen, denn man sieht sich gegenseitig nicht.

Schließlich erblickt er beidseits in der Ferne Tageslicht. Nach vorsichtigem Tasten – Achtung: Radfahrer! – tut sich endlich ein lichtes Panorama auf. Er ist der Hölle entkommen. Die Erde hat ihn wieder. Geradeaus geht der Blick auf gestapelte Container und Gleisanlagen. In schräger Untersicht erblickt der Passant die hier den Ratswegkreisel überspannende Autobahn 661. Oben im Kreisel die übliche Vollversammlung aktueller Verkehrsmittel, überwiegend im ruhenden Zustand. Die Freiheit, gerettet! Doch wo will der Passant hin? Welcher normale Mensch benutzt diesen Ausgang überhaupt? Will er über die Kaiserleibrücke nach Offenbach promenieren? Oder nach Norden zur „Dippemess" am Ratsweg? Rätsel über Rätsel.

Unterliegen
Das Riederwaldstadion

Riederwald, Ratsweg

Das ursprüngliche Riederwaldstadion ist nicht das heutige Riederwaldstadion. Der TuS Eintracht Frankfurt erbaute 1919/ 1920 am Ratsweg gegenüber dem Ostpark ein Stadion mit Laufbahn, das unter Ausnutzung aller Stehterrassen 40.000 Zuschauer fasste. 1600 Plätze waren überdacht. Eine für damalige Zeiten gewaltige Sportanlage erlebte 1922 das erste in Frankfurt stattfindende Fußballländerspiel. 1929/1930 erspielte sich hier die Eintracht die Süddeutsche Meisterschaft.

1943 wurde das Riederwaldstadion durch Bomben zerstört. Die kriegszerstörten deutschen Städte hatten nach dem Weltkrieg das Problem, den Häuserschutt der Innenstädte loszuwerden. Aus diesem Grund kam der Schutt Frankfurts in das alte Stadion der Eintracht am Riederwald. Die Trümmerverwertungsgesellschaft war nach dem Krieg mit der Räumung, dem Transport und der Aufbereitung der Trümmer beschäftigt. Diese Arbeit dauerte bis 1964. An der Stelle des alten Riederwaldstadions erinnert nichts mehr an die Spielstätte. Heute befinden sich dort die Trasse der Autobahn A 661 mit der Ausfahrt „Frankfurt-Ost" und eine Autohandlung namens „Hessengarage".

Nach dem Krieg war die Eintracht heimatlos. Am Erlenbruch in Seckbach entstand schließlich das neue Riederwaldstadion. Es fasste 40.000 Zuschauer und konnte 1952 eingeweiht werden. Im folgenden Jahr wurde hier die Eintracht wieder Süddeutscher Meister. Mit Einführung der Fußball-Bundesliga fanden die Heimspiele der Eintracht nur noch im Waldstadion statt.

Universität
Sankt Georgen

73.

Oberrad, Offenbacher Landstraße 224

Von Sachsenhausen nach Oberrad führt die ziemlich gerade Offenbacher Landstraße mit schlechtem Belag. Trotzdem, weil es nur geradeaus geht, lädt sie zum Rasen ein. Entsprechend registriert die Blitzanlage die Geschwindigkeit, und nur wenige Monate später findet sich das Knöllchen im Briefkasten. Rechts, wenn man von Frankfurt kommt, zieht sich eine lange Mauer entlang. Es verbirgt sich Geheimnisvolles. Am Eingang ist zu lesen: „Philosophisch-Theologische Hochschule Sankt Georgen". Dahinter öffnet sich ein recht übersichtlicher Campus mit Hochschule, Bibliothek, Mensa, Kirche, Refektorium und Seminar. Das Ganze umgibt ein wunderbarer Park mit Teich, Bäumen und Sträuchern. In der alten erzprotestantischen Stadt Frankfurt ist eine Hochschule der Jesuiten dennoch nicht das, was man gemeinhin erwarten würde. Hier studierten zuletzt (2009) 421 Damen und Herren, von denen sich 301 um das Lizentiat oder Doktorat bewarben.

Zur Historie: Hier befand sich 1780 der Gutshof des Johann Jakob Hollweg, der eine Frau Bethmann ehelichte und sich dann Bethmann-Hollweg nannte. Sein Urenkel wurde Reichskanzler unter Kaiser Wilhelm II. 1840 kam das Gut durch Verkauf an Georg von Saint-George. Dieser ließ durch den Architekten Friedrich Rumpf ein neues klassizistisches Landhaus errichten. Die Tochter des Eigentümers heiratete Peter Carl Grunelius und ließ den Park auf seine heutige Größe erweitern. Der gesamte Besitz ging 1925 in den Besitz der Diözese Limburg über.

Unklar
Der Sausee

Riederwald, Am Sausee

Den See muss man erst einmal finden. Und als eigenständigen See erkennen. Der Sausee in Seckbach ist ein Gewässer, das manchmal gar keines ist. Mal ist Wasser drin, mal ist er trocken, je nach Witterung. Das Phänomen wird „Himmelssee" genannt. Im Winter, bei Regen und durch Grundwasser füllt er sich und ist ein eher übersichtlicher Teich von maximal 3500 qm Fläche. Im Sommer versickert und verdunstet das Wasser, es wird zunehmend unklar, und bald ist der See weg. Der Sausee befindet sich im Bereich eines Mainaltarmes, zusammen mit dem Riedteich, dem Seckbacher Ried und dem Erlenbruch. Er wurde bereits 1937 als Naturdenkmal verzeichnet. Der Name scheint von den Schweinen abgeleitet zu sein, welche die Seckbacher Bauern in alter Zeit zur Tränke an den See trieben.

Den See umgibt ein winziger Park mit Hainbuchen, Pappeln, Rotbuchen und alte Weiden. Er ist von Amphibien, Wasserkäfern und Wasservögeln besiedelt. Ringsherum befinden sich gepflegte Kleingartenanlagen. So weit das Idyll. Eher deprimierend ist die Verwahrlosung des Sees durch Menschenhand. Auf dem Wasser schwimmen Autoreifen, Flaschen, Plastikmüll und Pappbecher. Auch in den Sträuchern hängt allerlei Unrat. Am Südufer des Sausees befinden sich kleinere Hügel von Hausabfällen mit Geschirrscherben und Gartenabfällen. Verkehrsmäßig ist der See gut zu erreichen, führt doch an seiner Ostecke ein beliebter Schleichweg zur A 66 vorbei. Ein beschauliches Verweilen am See hinterlässt so einen eher zwiespältigen Eindruck.

Unbedeutend
Das Schärfengässchen

Innenstadt, Schärfengässchen

Eine der wenig beachteten Gassen der Frankfurter Altstadt ist das Schärfengässchen, eine kleine Gasse zwischen Töngesgasse und Holzgraben. Sie erhielt ihren Namen nach dem Besitzer des Gasthofes „Scharf", der das Eck Schärfengässchen und Holzgraben umfasste.

Hinter dem Gasthaus war ein bedeutender Festsaal. Begonnen hatte dieses Veranstaltungsleben 1763 mit einem Konzert von Leopold Mozart und seinen Kindern Wolfgang und Nannerl. Der Zuspruch der Frankfurter war so groß, dass aus dem geplanten einmaligen Auftreten vier Konzerte wurden. So nahm Caspar Goethe seinen 14-jährigen Sohn Johann Wolfgang zu einem der Konzerte mit. Der später so berühmte Dichter beschrieb viele Jahre danach den 7-jährigen Pianisten in seiner Autobiografie „Dichtung und Wahrheit" als „kleinen Mann mit Degen".

1836 erwarben die Frankfurter Kaufmannsbrüder Bolongaro das Gebäude als Kontorhaus für den Handel mit Schnupf-, Rauch- und Kautabak, Südweinen, Gewürzen sowie Tee und Kaffee. Die ursprünglich aus Stresa am Lago Maggiore stammende Kaufmannsfamilie gehörte zu einer Gruppe von Italienern, die sich im 18. Jahrhundert in Frankfurt niederließen. Das Wohnhaus der Bolongaros befand sich nur wenige Schritte vom Schärfengässchen entfernt auf der Ecke Töngesgasse und Steingasse. Sie waren zeitweise die reichsten Kaufleute Frankfurts. An der Stelle ihres Stadthauses befindet sich heute eine Neubausiedlung der 1950er Jahre, der sogenannte „Trierische Hof".

OSKAR SCHINDLER

* 28. April
1908 in
Zwittau,
Mähren

† 9. Oktober
1974 in
Hildesheim

IN DIESEM HAUS LEBTE
VON 1965 BIS 1974
OSKAR SCHINDLER

WÄHREND DER ZEIT DES
NATIONALSOZIALISMUS
RETTETE ER ÜBER 1200
JUDEN VOR DEM TOD
IN AUSCHWITZ UND
ANDEREN LAGERN

Unbeirrt
Schindlers Wohnung

76

Bahnhofsviertel, Am Hauptbahnhof 4

Oskar Schindler (1908-1965) war ein deutscher Unternehmer, der während des Zweiten Weltkriegs mutig und unbeirrt mehr als 1000 jüdische Zwangsarbeiter vor der Ermordung in den Konzentrationslagern bewahrte. Nach Kriegsende war er erfolglos und litt ständig unter Geldnot.

Seit den 1960er Jahren lebte er in ärmlichen Verhältnissen gegenüber dem Frankfurter Hauptbahnhof. Es war das Einzimmerappartement Nr. 63 im Haus „Am Hauptbahnhof 4" und wird als eng und verqualmt geschildert. Er verkehrte in den Kneipen der näheren Umgebung. In Frankfurt bildete sich um ihn ein weiter Kreis von Freunden, darunter viele Sudetendeutsche. Die Stelle seiner letzten Wohnung ist heute ein viel besuchter Gedenkort. Neben der Eingangstür hängt eine Erinnerungstafel mit seinem Portrait.

Die Gefährtin seiner späten Jahre hieß Ami Staehr, die mit ihrem Mann in Hildesheim lebte. Ihr hatte Schindler einen Koffer mit seinen persönlichen Unterlagen anvertraut. In Folge eines Schlaganfalls verschlechterte sich sein Gesundheitszustand mehr und mehr. Schindler fiel während einer Herzoperation ins Koma und starb am 9. Oktober 1974. Ami Staehr löste seine Frankfurter Wohnung auf und bereitete die Beerdigung vor. Es war Oskar Schindlers Wunsch, in Israel beigesetzt zu werden. In Frankfurt fand zuvor ein Gedenkgottesdienst im Kreise seiner Freunde Bejski, Trautwein, Adlhoch und Hesselbach statt. Alle hoben Schindlers Leistung für die Rettung zahlreicher Juden hervor.

Unfriede
Die Schlacht von Bergen

77

Seckbach, Am Galgen

Wir befinden uns mit 212 Metern über dem Meeresspiegel auf dem höchsten Punkt Frankfurts. Eigentlich ein ruhiger Ort. Hier befindet sich der jüdische Friedhof von Bergen-Enkheim. Gegenüber der Straße an der Berger Warte stand bis 1844 der Galgen von Bergen. Aber Ruhe ist hier wenig. Von nebenan erklingt das Gebell vom Hundeübungsplatz. Über die Vilbeler Landstraße rauscht der Verkehr schnell und vernehmlich.

Schnitt. Wir sind im Hause Goethe am Hirschgraben, Karfreitag 1759. Es herrscht Krieg. Preußen mit England gegen Österreich mit Frankreich. Von Bischofsheim aus rücken preußische Truppen unter dem Herzog von Braunschweig auf Frankfurt zu. Die Stadt wird von den Franzosen verteidigt. Es gibt Einquartierungen der befreundeten französischen Truppen. Der Soldat im Hause Goethe, Königsleutnant Thorenc aus Grasse in der Provence, war ein kultivierter Mann. Er betrug sich musterhaft, verzichtete sogar darauf, die Landkarten auf die Tapeten zu nageln. Der neunjährige Knabe Wolfgang erlernte von ihm bei Tische die französische Sprache.

Bei Frankfurt lagerte der Herzog von Broglie mit 31.000 Soldaten. Er bezog am 13. April hinter den Mauern von Bergen eine feste Stellung. Von der Berger Warte aus lenkte er das Schlachtgeschehen. Um 5 Uhr 30 begann das mörderische Treiben. Die Preußen unternahmen von Osten drei vergebliche Angriffe gegen die befestigte Stellung der Franzosen. Herzog Ferdinand musste die Schlacht abbrechen und sich zurückziehen. Am 3. August 1775 schrieb Goethe seiner Freundin Auguste zu Stolberg: „Von der Schlacht von Bergen haben Sie wohl gehört?"

Unauffällig
Schloss Rödelheim

Rödelheim, Auf der Insel

In Rödelheim an der Nidda erstreckt sich ein kleiner Landschafts-park in einem Dreieck, das von diesem Gewässer, dem Mühlgraben und der Straße „Auf der Insel" gebildet wird. Es handelt sich um den ehemaligen Schlosspark der Grafen zu Solms-Rödelheim. Das Wasserhäuschen an der Straße dient einer Grundversorgung mit Flüssigkeiten, um sich im Park gut ausruhen zu können. Auch auf der anderen Straßenseite geht es vornehm zu, denn dort befindet sich der ehemalige Garten der Familie Brentano. Hier verkehrte Goethe.

Im Schlosspark stand ein veritables Schloss. Erbaut hatte es im Jahre 1463 Ritter Frank von Cronberg. Es hatte Türme, war von einem Wassergraben umgeben und natürlich nur über eine Zug-brücke zu erreichen. Erster in Rödelheim residierender Graf zu Solms war Friedrich I. (1574-1635). Mit der Grafschaft war es 1806 zu Ende. Doch blieben die Grafen zu Solms im Besitz der Anlage und konnten 1864 ein neues Schloss samt zugehörigem neu ange-legtem Garten ihr Eigen nennen. Dieser Park stand den Bürgern Rödelheims offen.

Das Schloss ging bei den Bombardierungen des Jahres 1943 zu-grunde. Die Mauerreste im Park wurden abgetragen. Übrig blieb ein Schlosspark ohne Schloss. Der Grundriss des Schlosses ist un-auffällig als Pflaster im Rasen nachgezeichnet, und am Spazierweg wurde ein kleines Stück Gemäuer konserviert. Die Rödelheimer ebenso wie die Radfahrer des Niddauferwegs erfreuen sich an den großzügigen Grasteppichen des alten Schlossparks, umgeben von altem Bestand an Ahorn, Kastanien und Eichen.

Unsichtbar
Das „Schwarze Quadrat"

Innenstadt, Domstraße 10

Der Titel zitiert das hochberühmte Werk „Das schwarze Quadrat auf weißem Grund" des russischen Künstlers Kasimir Malewitsch (1878-1935) aus dem Jahre 1915. Es ist ein Meilenstein der modernen Malerei. Wir befinden uns im Museum für Moderne Kunst, Domstraße 10. In der Eingangshalle hinten rechts ist eine weiße Wand mit einer Objektbeschriftung:

Gregor Schneider *1969
Schwarzes Quadrat in Wand 1994
Schwarzgefärbter Gipszement 57 x 57 x 7 cm   21,5 kg
Das Werk wurde im September 2002 im Museum für Moderne Kunst installiert und wird auf Wunsch des Künstlers dort bis September 2052 bleiben.
MMK Dauerleihgabe des Künstlers, Inv. 2002/83L

In der Wand befindet sich also ein schwarzes Quadrat, aber man sieht es nicht. Es ist mit normaler weißer Wandfarbe übermalt. Nur das Schild weist darauf hin, dass es sich darunter befindet. Wirklich? Vermutlich ja. Bei erster Betrachtung ist die Wand absolut makellos. Wer sehr scharf hinschaut und zudem das Maurerhandwerk erlernt hat, kann - vielleicht – einen Ansatz des Verputzes erkennen. Befindet sich dahinter also schwarz gefärbter Gipszement? Das kann man nur durch Aufkratzen feststellen. Was strikt verboten ist. Denn wir sind im Museum, und es handelt sich ja um ein Kunstwerk. Weil nichts Sichtbares da ist, helfen nur Glaube und Wissen, Fiktion und Realität, Phantasie und Unglaube.

Unrecht

Der Selbstmord des Bürgermeisters

Innenstadt, Friedberger Anlage

80

Tatort Friedberger Anlage, an der Rückseite der architektonisch reizvollen Kindertageseinrichtung 81 der Stadt Frankfurt. Für sie wurde das Wohnhaus des Bürgermeisters Fellner abgerissen. Ein Selbstmörder. Hinter der Kita ist seine Gedenkstätte. Auf dem Rasen liegt eine texthaltige Bronzetafel. Hier nahm sich ein verzweifelter Mensch das Leben. Die Preußen trieben ihn in den Tod.

Im ehemaligen Wohnhaus Seilerstraße 8 lebte dereinst Karl Konstanz Viktor Fellner, ein Kaufmann von liberaler Gesinnung. Durch ein Losverfahren, die „Kugelung", wurde er zum Bürgermeister der Freien Stadt Frankfurt für das Jahr 1866 bestimmt. In diesem Jahr gab es Krieg, und Frankfurt wurde von Preußen okkupiert.

Die Besatzungsmacht verlangte Kontributionen in Höhe von 36 Millionen Gulden. Karl Konstanz Viktor Fellner war ratlos und verzweifelt. Die Repräsentanten der Bürgerschaft lehnten jede weitere Zahlung ab, was der Stadtkommandant als Rebellion ansah. Die Preußen drohten daraufhin mit Geiselnahme, Bombardierung und Plünderung der Stadt. In auswegloser Situation erhängte sich der Bürgermeister an einem Baum in seinem Garten in der Seilerstraße.

Das Begräbnis zwei Tage später war zugleich Anklage und politische Demonstration gegen die Gewaltherrschaft. 6000 Bürger gaben ihm das letzte Geleit, obwohl die Beerdigung auf preußischen Befehl um 4 Uhr 30 morgens stattfand. Seitdem wird er als Märtyrer der Frankfurter Freiheit verehrt.

Unterricht

81

Der alte Sendesaal in der Hochschule für Musik & Darstellende Kunst

Nordend, Eschersheimer Landstraße 29-39

An der Eschersheimer Landstraße 29-39 befindet sich hinter dem Neubau der Hochschule für Musik und Darstellende Kunst der alte Sendesaal von Radio Frankfurt. Radio Frankfurt war 1924 in der Stiftstraße entstanden. 1930 wurde der Sender erweitert und an die Eschersheimer Landstraße 33 verlegt. Das neue Gebäude wurde von Willy Cahn entworfen. Es bot dem Sender Platz zur Produktion eines 13-stündigen täglichen Sendeprogramms.

Der avantgardistische Sender führte zahlreiche Innovationen im Rundfunkbereich ein. Nicht zuletzt darum erlebte er nach 1933 seinen gleichgeschalteten Niedergang. Der Sender wurde verstaatlicht und in „Reichssender Frankfurt" umbenannt. Bei der Bombardierung Frankfurts 1944 wurden die Gebäude des Senders teilweise zerstört.

Die amerikanische Besatzungsmacht gründete Radio Frankfurt neu. Aus den Studios und dem alten Sendesaal wurden politische Diskussionen und Hörspiele gesendet. Die Gebäude an der Eschersheimer Landstraße blieben auch nach dem Umzug des HR 1951 in das „Funkhaus am Dornbusch" weiter in Betrieb.

Die Sendung „Quiz zwischen London und Frankfurt" aus dem Jahr 1948, die „Familie Hesselbach" (ab 1949) und der „Blaue Bock" von 1953 kamen von der Eschersheimer Landstraße. Ab 1956 wurde das Gebäude von der Hochschule für Musik und Darstellende Kunst genutzt. Die hier befindlichen Bereiche des Rundfunkbetriebs zogen an den Dornbusch.

Unterfeld
Das Sossenheimer

82

Ecke Wiesenfeldstraße/An der Nidda

Kein Sossenheim ohne Chlodwig Poth. Er war es, der das Sossenheimer Unterfeld in unserer Republik berühmt gemacht hat. Zunächst einmal war das Sossenheimer Unterfeld ein Teil der sumpfigen Niddalandschaft. Trockenlegung und Flurbereinigung ließen hier eine Streuobstlandschaft entstehen. Dazu gehören Früchte wie der lokale Sossenheimer Streifenapfel, Birnen, Zwetschgen und der Speyerling. Dieser ist unverzichtbar für die Herstellung des wahren Frankfurter Apfelweins. Das Sossenheimer Unterfeld rühmt sich, die größte Speyerlingansammlung Frankfurts zu beherbergen.

Doch zurück zu Poth. Auch ihm ist bereits ein Denkmal gewidmet: die „Chlodwig-Poth-Anlage". Dies ist ein Ruheplatz am alten Weißdorn mit Karikaturen des Meisters. Das ist aber auch das Mindeste, was man ihm an Verehrung angedeihen lassen muss. Schließlich spielt das Unterfeld eine tragende Rolle in der republikbekannten Satirefolge „Last exit Sossenheim". Der genaue Standort ist die Ecke Wiesenfeldstraße/ Weg „An der Nidda".

Das Sossenheimer Unterfeld beherbergt inzwischen auch ein Insektenhotel und einen Obstpfad als Spazierweg. Den Wasserhaushalt des Unterfeldes reguliert der Dottenfeldgraben. Es handelt sich um ein rechtwinkliges Grabensystem von 1,6 km Länge. Die Hauptgräben dienten einst der Entwässerung der feuchten Acker- und Wiesenflächen. Das Sossenheimer Unterfeld wird inzwischen mit viel Liebe traktiert. Es ist Gegenstand öffentlicher Führungen. Für Romantiker werden Kutschfahrten zur Dämmerung angeboten. Hoffentlich hält es das alles aus.

Unschätzbar

Das Stadion am Brentanobad

Rödelheim, Rödelheimer Parkweg 39

83

Ein kleines Stadion. Aber hier spielen die besten Frauen. Das Stadion am Brentanobad ist die Heimat des 1. FFC Frankfurt, der 1999, 2001, 2002, 2003, 2005, 2007 und 2009 Deutscher Fußballmeister war. Die Frankfurterinnen gehören zur Spitze des europäischen Frauenfußballs. Sie leisten Unschätzbares für diesen unterschätzten Sport. Das Stadion am Brentanobad teilen sich die Damen mit den ungleich erfolgloseren Kollegen von Rot-Weiß Frankfurt von 1901. Es kann 5200 Zuschauer aufnehmen, von denen sich 1100 unter der überdachten Tribüne befinden. In dieser Form wurde es 1992 neu eröffnet.

Das alte Stadion am Brentanobad wurde 1940 eingeweiht. Es sah zu seiner besten Zeit immerhin 20.000 Besucher. Das war 1948. Rot-Weiß Frankfurt spielte zum letzten Mal in der Oberliga Süd. Gegner war der 1. FC Nürnberg. Im gleichen Jahr stiegen die Bockenheimer für immer aus der höchsten deutschen Spielklasse ab. In den 1980er Jahren waren hier zwar so bekannte Ballkünstler wie Alexander Schur, Jürgen Klopp und Dragoslav Stepanović tätig, führten Rot-Weiß aber nur zu bescheidenen Erfolgen.

Die große Zeit des Vereins lag vor dem Krieg. Rot-Weiß Frankfurt nahm 1930 und 1931 an der Endrunde der Süddeutschen Meisterschaft teil. Die Vereinsikone war Torwart Willibald Kreß. Von 1929 bis 1934 stand er 16-mal im Tor der Nationalmannschaft. Mit dem Dresdner SC wurde Kreß später an der Seite von Helmut Schön zweimal Deutscher Meister.

Unbenutzbar
Die Starkenburger Allee

84

Fechenheim, Starkenburger Straße

Heute kann man sie nicht mehr ganz befahren. Südlich von Fechenheim befindet sich eine neuzeitliche Kunststraße, eine Allee, die augenscheinlich in den Main hineinführt. Ein Straßenabschnitt ohne größere Funktion. Und doch war sie Bestandteil einer hessischen Landstraße, die von Offenbach über Fechenheim und Bergen nach Vilbel führte. Nach den Napoleonischen Kriegen und einer gründlichen Flurbereinigung unter den deutschen Fürstentümern vereinbarten 1816 Kurhessen (-Kassel) und das Großherzogtum Hessen (-Darmstadt) den Bau einer Schiffsbrücke zwischen Offenbach und Fechenheim. An den Einweihungsfeierlichkeiten nahm 1819 Kurfürst Wilhelm I. von Hessen persönlich teil.

Die einzige Mainbrücke des Mittelalters zwischen Würzburg und der Mündung befand sich zuvor in Frankfurt. Nun besaß Hessen eine eigene Brücke über den Main. Diese Schiffsbrücke wurde schließlich 1887 durch eine neue Brücke, die heutige Carl-Ulrich-Brücke, ersetzt. Damit wurde das Südstück der Offenbacher Landstraße zur Schlossstraße. Das Nordstück kam mit der Eingemeindung Fechenheims 1928 an Frankfurt und hieß seitdem „Starkenburger Straße". Der Versuch, eine zweigleisige Straßenbahn in die schöne Allee zu verlegen, scheiterte bereits in den 1920er Jahren am Einspruch der Naturfreunde. Ihnen galt die Starkenburger Straße bereits als schönste Straße Fechenheims, versehen mit der Zierde zweier schattenspendender Baumreihen. Wer in unseren Tagen unter diesen Bäumen promeniert, findet sich in einem verwunschenen Stück Kurhessen des 19. Jahrhunderts wieder.

HIER WOHNTE
NIKOLAUS KOPP
JG. 1901
EINGEWIESEN 1936
'HEILANSTALT' EICHBERG
1941 'HEILANSTALT' HADAMAR
ERMORDET 13.2.1941

Unerwünscht
Zwei Stolpersteine:
Hagar Brown und Nikolaus Kopp

85

Gallus, Mainzer Landstraße 137,
Bockenheim, Marburger Straße 9

Kleine Erinnerungsdenkmäler, sogenannte „Stolpersteine" aus Messing, befinden sich auf Frankfurts Straßen an über 190 Orten. Die Idee dazu stammt von Gunter Demnig. Seit 1997 sind in Deutschland an über 500 Orten solche kleinen Gedenktafeln vor den ehemaligen Wohnhäusern von Opfern des Nationalsozialismus verlegt worden. Die Idee: Ein Name ist so lange nicht vergessen, wie er an einem Ort zu lesen ist.

Der Stolperstein für Nikolaus Kopp befindet sich in der Mainzer Landstraße 137. Hier war seine letzte Wohnung in Frankfurt. Kopp wurde 1901 in Frankfurt-Höchst geboren. Er arbeitete bis 1931 in der Landwirtschaft und war dann arbeitslos. Er erhielt 1938 wegen seiner Homosexualität eine siebenmonatige Gefängnisstrafe. Nach der Haftentlassung aus der „Heilanstalt" Eichberg bei Eltville im Rheingau wurde er 1941 in der „Heilanstalt" Hadamar ermordet.

Der Stolperstein für Hagar Martin Brown befindet sich in der Marburger Straße 9. Brown, geboren am 14.10.1889, stammte wahrscheinlich aus Liberia oder Kapstadt und gelangte 1901 zunächst nach Berlin. In Frankfurt arbeitete er bei einer wohlhabenden Familie als Chauffeur. Hier lernte er seine Frau Paula kennen, mit der er zwei Kinder hatte. Brown und seine Töchter wurden in der „Farbigen-Kartothek" von 1936 als drei von etwa 24.000 „schwarzen Deutschen" geführt. Nach Verhaftung, Folter und medizinischen Experimenten starb Martin Hagar Brown am 3.6.1939. Sein Grab befindet sich heute im Ehrenfeld des Frankfurter Hauptfriedhofs.

Unstet
Der Sulzbach

86

Sossenheim, Am Faulbrunnen 1

Der Sulzbach entspringt bei Königstein. Nach etwa sieben Kilometern Lauf erreicht er das im Heiligen Römischen Reich reichsunmittelbare Reichsdorf Sulzbach. Ab der Unterquerung der A 66 fließt der Sulzbach über Frankfurter Boden. Hier durchfließt er 2,7 km weit Sossenheim. Zwischen Autobahn und Ortskern schlängelt sich der Sulzbach in naturnaher Umgebung.

Im Zentrum Sossenheims unterquert der Sulzbach die hier „Alt Sossenheim" titulierte Hauptstraße. In der Straße „Am Faulbrunnen" biegt er scharf nach rechts um. Der alte Faulbrunnen ist eine stark nach Schwefel riechende Quelle. Der Schwefelgeruch dieses Ausflusses legte nahe, dass die Quelle eine wasserheilende Wirkung habe. 1925 sah sich Sossenheim auf dem Weg zum Kurort. Ein Homburger Ingenieur wurde beauftragt, den nur noch schwach tröpfelnden Brunnen neu zu bohren. Tatsächlich traf er in 43 Metern Tiefe auf eine Wasserader, die als hoher Strahl aus dem Bohrloch schoss. Die Fontäne soll 12 Meter Höhe erreicht haben. Jedoch war das Wasser nur schwefelhaltig und kein Heilwasser. Dennoch wurde die Quelle 1926 mit einem schönen Brunnenaufbau aus Muschelkalk neu gefasst. Die Aufschrift lautet: SOSSENHEIMER SPRUDEL 1926. Das Wasser ist nach wie vor beliebt. Mit Kanistern und Flaschen bewaffnet, füllen sich die Einheimischen die schwefelhaltige Flüssigkeit ab.

Beim Verlassen Sossenheims zieht sich der Sulzbach in kanalisierter Form an altem Baumstand und Kleingärten entlang. Er läuft nach Südwesten auf den Höchster Stadtpark zu und knickt vor diesem nach Süden um. Das Sossenheimer Unterfeld begrenzend, mündet er beim Tillybad in die Nidda.

Unterlassen
Das Tabakgeschäft
von Richard Herrmann

Bornheim, Berger Straße 191

87

Am Bornheimer Uhrtürmchen in der Berger Straße 191 befindet sich das Tabak-, Zeitschriften- und Lottogeschäft Herrmann. Inhaber dieses Geschäfts war seit 1952 Richard Herrmann (1923-1962), der größte Fußballer, der je das schwarz-blaue Trikot des FSV Frankfurt getragen hat. Zwischen 1947 und 1960 bestritt er 320 Punktspiele für den Bornheimer Verein und schoss dabei 100 Tore. Achtmal trug er das Trikot der Nationalmannschaft. Bei der Fußballweltmeisterschaft 1954 in der Schweiz hatte er die Rückennummer 17. Zusammen mit Alfred Pfaff von Eintracht Frankfurt bildete er den „Frankfurter Flügel" bei der 3:8-Niederlage gegen Ungarn. Wenngleich er nicht im Endspiel aufgestellt wurde, so kehrte er doch als Weltmeister nach Frankfurt zurück. Sein Gehalt als Fußballspieler blieb vergleichsweise bescheiden. Im Mai 1954 verdiente er 339,05 DM netto.

Der AC Turin unterbreitete Richard Herrmann 1952 das Angebot, für 60.000 Mark Handgeld nach Italien zu wechseln. Er hat es unterlassen. In gewissem Sinne als Bleibeprämie richtete der FSV seinem besten Mann das Zigarrengeschäft ein. Es sollte zur Unterhaltssicherung der Familie dienen, die 1949 um den Sohn Horst und 1954 um den Sohn Rolf angewachsen war. Die Söhne führen das Geschäft noch heute.

Richard Herrmann wurde nicht alt. Er starb schon 1962, erst 39-jährig. Er wurde auf dem Bornheimer Friedhof beigesetzt, als erster der WM-Helden von 1954. An seinem Grab standen seine Weggefährten Alfred Pfaff, Sepp Herberger, Fritz Walter und Toni Turek.

Ungeheizt

Das Teehaus
im Bethmannpark

Innenstadt, Berger Straße 1

88

Als Johann Philipp Bethmann 1783 das Gelände vor dem „Friedberger Thor" kaufte, entstand ein schlossartiges Gebäude, das der Bedeutung der Bankiersfamilie Ausdruck verlieh. Es sind heute lediglich Reste dieser über mehrere Generationen entstandenen Anlage erhalten. Die Liste der prominenten Besucher im Hause Bethmann ist lang: Kaiser Napoleon, Zar Alexander I., General Blücher, Madame de Staël, Kaiser Franz Joseph und Otto Fürst von Bismarck.

Der Stadtplan von 1861 zeigt die Ausmaße der ganzen Anlage. Vom Landhaus sind Reste der Remisen- und Kutschergebäude und ein kleiner Teil des Hauptgebäudes erhalten. Vom Garten sieht man noch Teile der alten, 1872 erbauten Orangerie, den Grundriss des Nutzgartens und den in den Chinesischen Park integrierten Weiher. Ebenfalls ist auf dem Plan das Bethmann'sche Museum im Grundriss zu sehen.

1875 wurde Heinrich Sießmayer mit der Neugestaltung der Anlage beauftragt. Aus dieser Zeit sind einige der den Park heute prägenden Bäume wie eine Pyramideneiche, mehrere Ginkgo biloba, Platanen und Mammutbäume erhalten. Auch zwei als Aussichtspunkte aufgeschüttete Hügel sowie die Reste des historischen Teehauses blieben von der alten Anlage erhalten. Das kleine Teehaus auf dem zur Berger Straße liegenden Hügel wurde aus grobem behauenen Basaltstein errichtet. Zwei geschwungene Treppen führen zu einer kleinen Terrasse. Die stark verwitterten Sandsteinfassungen der Fenster sind leider zugemauert. Darunter lag ein Eiskeller.

Unzertrennlich
Der Tierfriedhof

Westhausen, Holzweg/Ecke Gontardstraße

Der Philosoph Arthur Schopenhauer hatte die Angewohnheit, täglich mit seinem Pudel spazieren zu gehen. Starb ein Pudel, dann kaufte er ein möglichst ähnliches neues Tier. In seiner Schrift „Über die Grundlage der Moral" behandelte er erstmals die Pflichten des Menschen gegenüber den Tieren. Ein Grundprinzip menschlichen Handelns sollte das Mitleid sein: „Mitleid mit allem, was Leben hat, Menschen und Tieren". Als engagierte Frankfurter Bürger im Jahre 1841 einen der ersten Tierschutzvereine in Deutschland gründeten, trat Schopenhauer dieser Vereinigung mit Überzeugung bei.

Ein schöner Sonntagmorgen im März. Am Eingang des Holzwegs weist ein Blechschild zu den Schrebergärten und zum Tierfriedhof. Fünf Parkplätze sind ausgewiesen, davon zwei von Tierbesitzern belegt. Nach Westen Taunusblick, unverbaut. Ein schönes Stück Frankfurt.

Der Tierschutzverein Frankfurt fand 1966 mit dem Grundstück einer ehemaligen Ziegelei ein idyllisch gelegenes Gelände von 8500 qm, auf dem ein Tierfriedhof eingerichtet werden konnte. Dieser gibt manchem Herrchen und Frauchen die Möglichkeit, seinem Liebling in Würde die letzte Ehre zu erweisen. So bleibt die Erinnerung an das Tier unvergessen. Die regelmäßige Grab- und Grundstückspflege trägt dazu bei, dass der Tierfriedhof ein schön gestaltetes Stück Landschaft ist. Über dem gepflegten Rasen erhebt sich ein lichter Baumbestand. Ruhebänke laden zur Erinnerung und Gedanken an die verstorbenen Lebensgefährten ein. Um Vandalismus zu vermeiden, ist der Friedhof eingezäunt und verschlossen.

Untertan
Totschlag in der Merianstraße

Nordend, Merianstraße 19

Zwei alte Platanen stehen vor dem Haus Merianstraße 19/ Ecke Elkenbachstraße 31. Der Merianplatz ist nah. Die Bäume sind die letzten Überbleibsel des Geländes des Gärtners Schmidt. Hier endete auch die Allee von Bornheim quer über die alte Bornheimer Heide, um als Fußpfad zur Friedberger Chaussee zu führen. Dies ist die Stelle, wo am Nachmittag des 18. September 1848 zwei Abgeordnete der Frankfurter Nationalversammlung erschossen wurden: Lichnowsky und Auerswald.

Felix Fürst von Lichnowsky war Großgrundbesitzer in Oberschlesien. Auch General Hans von Auerswald war Preuße. Beide galten als Reaktionäre und waren in Frankfurt verhasst. In dieser aufgeheizten Stimmung begaben sich Lichnowsky und Auerswald aus dem Friedberger Tor. Dort wurden sie von einer Menschenmenge erkannt, beschimpft und mit Steinen beworfen. Vor dem Haus des Gärtners Schmidt baten sie dessen Frau, sie zu verstecken. Sie wurden aber entdeckt und auf die Straße gestoßen. Die Menschen prügelten auf den alten General ein, vor allem die Bäckerstochter Henriette Zobel mit ihrem dunklen Regenschirm. Es fielen drei Schüsse, die den General töteten.

Im Speicher des Hauses Schmidt wurde dann auch Fürst Lichnowsky gestellt. Im Tumult fielen wiederum Schüsse, die ihn tödlich verwundeten. Sein Leichnam wurde in die Heimat überführt. General Auerswald liegt auf dem Frankfurter Hauptfriedhof. Henriette Zobel wurde als Rädelsführerin zu 16 Jahren Zuchthaus verurteilt.

Unbemerkt
U-Bahn-Station Römer

91.

Innenstadt, U-Bahn-Station Römer

Seit der Diskussion um die Rekonstruktion einiger Gassen und Plätze im Bereich des sogenannten „Alten Marktes", der Verbindungsstraße zwischen Dom und Römer, rücken die vorhandenen Reste der Frankfurter Altstadt wieder in das Interesse der Öffentlichkeit. Genau darunter sind solche zu besichtigen, nämlich in der B-Ebene der U-Bahn-Station Dom/Römer. Die Station wurde ab April 1970 zeitgleich mit dem Bau des Technischen Rathauses und einer Tiefgarage im Rohbau errichtet. Ersteres wurde im Sommer 2010 bereits wieder vollständig abgerissen, weil es dem Geschmacksempfinden der späteren Zeit nicht mehr entsprach. Die Station wurde 1974 eröffnet.

Diese schlicht gestaltete Station kam nach ihrer Fertigstellung zu bescheiden daher. Und so wurde 1988 nach den Plänen der Frankfurter Architekten Berghof, Landes und Rang mit E. F. Gutberlet die B- und C-Ebene neu gestaltet. Vom Römerberg kommend, fallen an der Wand die vier Figuren auf. Diese stammen aus dem Haus Braubachstraße 27 am Durchgang zum Hof „Goldenes Lämmchen" von 1911.

Weitere Figuren sind: Ein Pferdekopf, Fassadenschmuck vom alten Schlachthof. Vier Bogenschlusssteine aus dem Haus „Zum Ehrenfels", Schnurgasse 71, aus dem 17. Jahrhundert. Zwei Bogenschlusssteine von 1730 vom Clesernhof, eine Relieftafel im Jugendstil, ein Bogenschlussstein mit Frauenkopf und ein Werkstein des 17. Jahrhunderts. Ein bärtiger Mann, Bogenschlussstein des 17./18. Jahrhunderts, ein Kopf und ein Bogenschlussstein mit Apfelbaum des 17. Jahrhunderts sowie die Bieber-Figur des Bieberbrunnens aus der Großen Friedberger Straße.

Unverändert
Die Villa Mumm

Niederrad, Richard-Strauss-Allee 11

Frankfurt bewarb sich 1949 um den Sitz der Hauptstadt des westdeutschen Teilstaats. Der künftige Plenarsaal des Parlaments war schon im Bau, als die Abstimmung im Parlamentarischen Rat unerwartet mit 33 zu 29 Stimmen gegen Frankfurt entschieden wurde. Auch der Sitz des Bundespräsidenten stand schon fest: die Villa Mumm in Sachsenhausen.

Die Familie Mumm kam um 1772 nach Frankfurt. Sie wurde mit Weinhandel und durch die Herstellung von Champagner aus der Gegend von Reims sehr wohlhabend. Sie stellte von 1868 bis 1880 den Frankfurter Oberbürgermeister. Hermann von Mumm und seine Frau Emma, geb. Passavant, beauftragten den dänischen Architekten Aage von Kaufmann mit der Errichtung eines Prachtbaus, der von sechs Terrassen umgeben war. Die Grundsteinlegung erfolgte 1902.

Die Villa Mumm folgte stilistischen Vorbildern der Hochrenaissance. Das Äußere wird von Bänderrustika und Reliefs belebt. Der überwölbten Zufahrt entspricht auf der Rückseite eine halbrunde Terrasse zum Garten. Der innere Eindruck wirkt noch reicher, bedingt durch das üppige Dekor des Treppenhauses und die antikisierenden Räume. Der 15 Hektar große Park war ein Waldpark mit einem Mischbestand an Eichen, Buchen, Kiefern, Linden und Ulmen. Nach dem Tod ihres Mannes residierte hier die Witwe Emma von Mumm als „Königin von Frankfurt".

Später wurde die Villa Mumm an die Stadt Frankfurt verkauft. 1933 bezog die Gestapo das Haus. Heute beherbergt die Villa Mumm das Bundesamt für Kartographie und Geodäsie.

27

Ungehalten
Voltaire in Frankfurt

93

Innenstadt, Fahrgasse 25

In der Fahrgasse befand sich eines der besten Hotels der Stadt Frankfurt, das „Gasthaus zum Goldenen Löwen". Erhalten ist das Hauszeichen, eine Skulptur eines nach links gewandten Löwen aus rotem Sandstein. Der Stein ziert heute den Eingang einer Kunstgalerie. Vor dem Gebäude hat sich ein kleiner Platz mit Brunnen, dem Löwenbrunnen, erhalten. Im „Goldenen Löwen" wohnte 1753 einige Wochen lang ein berühmter Gast: der französische Schriftsteller und Philosoph Francois Marie Arouet, genannt Voltaire. Dieser hatte Potsdam nach fast dreijährigem Aufenthalt am 25. 3. 1753 geradezu fluchtartig verlassen. Über Gotha und Kassel kam er nach Frankfurt.

Bei der Abreise hatte Voltaire einen Gedichtband des Preußenkönigs mitgehen lassen, welcher diesen stark kompromittierte. Um an dieses Buch zu kommen, ließ der preußische Resident Voltaire unrechtmäßig im Frankfurter „Goldenen Löwen" festsetzen. Diesen Skandal bezeichnete er als das „große Drama" seines Lebens. Am 17. Juni traf das gesuchte Buch endlich ein. Voltaire, weiterhin festgehalten, entfloh am 20. Juni, wurde aber schon am Bockenheimer Tor wieder eingefangen.

Jetzt bekam Voltaire Arrest in einem Gasthaus zweifelhaften Rufes namens „Bockshorn", mit zwölf Mann Wache vor dem Zimmer. Die Kosten für Haft und Unterbringung wurden von Voltaires Geld einbehalten, was den geldfixierten Philosophen noch mehr aufregte. Der Frankfurter Aufenthalt war für Voltaire eine einzige „Ostgoten- und Vandalengeschichte". Nie wieder setzte er einen Fuß in diese Stadt.

Untadelig
„Wacker" in Bornheim

94

Bornheim, Berger Straße 183

Gebäude im Stil des Art déco sind selten in Frankfurt, wenn nicht einzigartig. Der ehemalige Art déco-Tabakladen am Uhrtürmchen, dem schönsten Platz Frankfurts, gilt geradezu als Unikat in der Mainmetropole.

Unweit des Tabakladens von Richard Herrmann befand sich im Erdgeschoss des viergeschossigen Miethauses Nr. 183 in der Berger Straße von 1900 zunächst eine Biergaststätte. Der Architekt Peter Umpfenbach richtete dort 1921 einen Tabakladen ein. Von außen sieht man eine aufwendig gestaltete Eichentür. Diese umgibt eine keramische Schaufensterfront mit Motiven, die zum Kolonialhandel passen, wie Schiffe, Palmen und rauchende Menschen. Innen befinden sich geschnitzte Holzvitrinen unter einer mit Sonne, Mond und Sternen verzierten Decke.

Nach Aufgabe des Tabakladens wurde ein liebevoller Umbau der Räumlichkeiten in Richtung eines Ladengeschäftes und Cafés durchgeführt. Seitdem betreibt die 1914 gegründete Rösterei Wacker das Geschäft. Die Produkte dieses Hauses mit seinen drei Filialen erfreuen sich in Frankfurt seit Langem großer Beliebtheit. Vor dem Café breitet sich die zugehörige größere Tisch- und Stuhllandschaft aus, die beim ersten Sonnenstrahl, also spätestens im März, dicht belegt ist. Der Cafébetrieb vereinnahmt und umschließt einen Brunnen aus rotem Mainsandstein. Zweimal wöchentlich muss er sich allerdings vor dem Wochenmarkt zurückziehen.

Unscheinbar
Der Wasserhof

95

Oberrad, Wasserhofstraße 82

Unscheinbar ist er. Aber der Wasserhof in Oberrad hat eine Referenz in der literarischen Champions League. Schreibt doch Goethe im Osterspaziergang des „Faust I": „Ich rat Euch, nach dem Wasserhof zu gehn." Der Wasserhof wird bereits 1311 als „Strahlenberger Hof" im Besitz der Herren von Falkenstein und Münzenberg erwähnt. Zu Zeiten des Dichters war der Wasserhof ein stattliches Hofgut mit Herrenhaus und fünf Gebäuden, die von einer Mauer umschlossen waren. Ein Wassergraben soll die Gebäude des Hofareals umgeben haben und führte so zur Namensgebung.

Das Gehöft lag am nördlichen Rande von Oberrad, nicht weit vom Main entfernt. In der Nähe des Hofes vereinigten sich die aus dem Stadtwald herabfließenden Bäche, um am Hof vorbei in den Main zu fließen. Ungleich bekannter als der Wasserhof ist einer seiner Bestandteile, die „Gerbermühle". Der Verfall der Anlage begann mit einem Großfeuer des Jahres 1896. Im Zweiten Weltkrieg fielen Brandbomben auf Gebäudeteile des Wasserhofs.

Heutige Überreste des Wasserhofs sind Mauern von Keller und Parterre des Herrenhauses. An Ecken des Gebäudes ragen in Sandstein gehauene Löwenköpfe der Goethezeit hervor. Die Wasserhofstraße führt jetzt zur historischen Stätte. Heute befinden sich auf dem Gelände des Wasserhofs die Verschläge und Volieren des „Frankfurter Geflügelzüchtervereins von 1867". Ein Gründungsmitglied dieses Vereins war Friedrich Stoltze. Damit vereint der Wasserhof die beiden größten Dichter der alten Kaiserstadt.

Unterschätzt
Der städtische Weinberg

96

Seckbach, Auf dem Lohr

Er ist ein seltener Wein, der „Frankfurter Lohrberger Hang". Der nach Süden geneigte Hang liegt gut in der Sonne. Mit einer Rebfläche von 1,3 Hektar ist er die kleinste und östlichste Weinlage des Weinbaugebietes Rheingau. Daraus können nur etwa 10.000 Flaschen Riesling gewonnen werden, der hier trocken ausgebaut wird. Schon die kleine Menge macht den „Frankfurter Lohrberger Hang" zu einem begehrten Tropfen. Zu erwerben ist dieser Wein an Werktagen vormittags im Portal des Hauses Silberberg vor dem Eingang zum Römerhöfchen. Man findet ihn im Ausschank in der Weinstube im Römer und im Gartenlokal „Lohrbergschänke".

Der zu Seckbach gehörende Lohrberg ist mit 185 Metern Höhe durchaus nicht die höchste Stelle Frankfurts. Doch er bietet einen großartigen Panoramablick vom Henninger Turm bis zur Unfallklinik. Auf der Wiese davor lassen Kinder gerne die Drachen steigen. Zwischen den Kriegen richtete die Stadt Frankfurt auf dem Lohrberg ein Sportgelände und einen Kinder-Erholungsgarten ein. Dieser bestand aus Sandkasten, Liegewiese, Spielwiese, Bänken und einem großen Wasserbecken.

Weinbau in Seckbach gab es schon im Mittelalter. Die Rebstöcke des Lohrberger Hangs gehören zum städtischen Frankfurter Weingut in Hochheim. Dieses kam 1803 in den Besitz der Stadt. Die Weinlese am Lohrberg geschieht an einem einzigen Tag im Oktober, wobei bis zu 50 erfahrene Helfer beteiligt sind. Die Stadt Frankfurt lässt es sich nicht nehmen, ihren eigenen Wein bei entsprechenden Anlässen im Römer auszuschenken.

Unterhaltung
Die „Weiße Lilie"

97

Bornheim, Berger Straße 275

Es geht um einen Hort der Sozialdemokratie. Wir befinden uns in der schönsten Gegend Frankfurts, dem gastlichen Bornheim. Ein Wirtshaus mit eigener Brauerei ist für 1756 belegt. Um 1850 entstand hier ein großer Saalbau mit Restauration. Ihm wurde hoher literarischer Ruhm zuteil, schrieb doch Frankfurts Nationaldichter Stoltze die Geschichte „Beim Tanz in der Bernemer Lilch". 1888 wurde hier der „1. Frankfurter Carneval-Club" gegründet. Eine Besonderheit der „Weißen Lilie" war die Tatsache, dass hier auch Kellnerinnen tätig waren. Üblicherweise bedienten zu dieser Zeit nur Herren.

Auf Betreiben Bismarcks wurde von 1878 bis 1890 das Sozialistengesetz erlassen. Vom 21. bis 27. Oktober 1894 fand erstmals wieder ein Parteitag der SPD in Deutschland statt. Tagungslokal war die „Weiße Lilie" im Frankfurter Stadtteil Bornheim. Zuerst weigerte sich der Wirt, eine derart gefährliche politische Veranstaltung in seinem Saal zu gestatten. Der hohe Mietpreis von 400 Mark stimmte ihn um. Im Hintergrund stand außerdem die Drohung der Bornheimer Genossen, die „Weiße Lilie" widrigenfalls zu boykottieren. Unter anderem beschloss der Parteitag, im Reichstag einen Antrag zur Einführung des achtstündigen Arbeitstags zu stellen.

Im Ersten Weltkrieg diente der große Saal der „Weißen Lilie" als Lazarett. 1944 wurde die Anlage durch Bomben zerstört. Nach dem Wiederaufbau diente der Traditionsbau als Kino, dessen Betrieb aber 1963 wegen Unrentabilität eingestellt wurde. Heute beherbergt die „Weiße Lilie" ein beliebtes Restaurant mit freundlicher Crew.

Unheil
Die Wörthspitze

98

Höchst, an der Niddamündung

Die Wörthspitze ist eine gut 500 Meter lange schlanke Halbinsel, die durch die Einmündung der Nidda in den Main gebildet wird. Sie diente bis zum frühen 20. Jahrhundert als Viehweide und Ackerland. Von Höchst aus konnte man die Wörthspitze nur per Umweg über die Nieder Brücke erreichen. Dies änderte sich 1913 mit dem Bau einer Fußgängerbrücke über die Niddamündung. Sie ist 42 Meter lang und hat eine Stützweite von 23 Metern. Da ihre Form ein wenig an die Bogenbrücken Venedigs erinnert, bekam sie gelegentlich den Namen „Seufzerbrücke".

Nach dem Ersten Weltkrieg wurde die Wörthspitze zu einem Park umgestaltet, Spazierwege wurden angelegt und mit Pappeln bepflanzt. Doch es war auch eine Zeit des Unheils. Französische Besatzungssoldaten exerzierten hier. Am 20. April 1934, zum 45. Geburtstag Adolf Hitlers, wurde auf der Wörthspitze ein Thingplatz eingeweiht. 1937 kam ein Ehrenmal für die im Ersten Weltkrieg gefallenen Höchster und Nieder hinzu.

Die Niddamündung diente lange Zeit als Liegeplatz der Höchster Mainfischer. Noch heute befinden sich dort bewohnte Hausboote, deren Dasein von der Stadt Frankfurt hingenommen wird. Die Wörthspitze ist Bestandteil des 1991 geschaffenen Frankfurter Grüngürtels. 2002 wurden hier Eschen angepflanzt, im Gedenken an den Frankfurter Dichter und Zeichner Robert Gernhardt (1937-2006). Dieser ist auch Schöpfer des „Grüngürteltiers", das unter anderem auf der Wörthspitze heimisch sein soll.

Unentdeckt
Ein gotischer Wohnturm

Sachsenhausen, Paradiesgasse

Die Geschichte der „Entdeckung" versteckter Bauten von Bedeutung ist in Frankfurt lang. Eine solche „Entdeckung" ist der gotische Wohnturm in der Paradiesgasse in Alt-Sachsenhausen. Das Bauwerk aus verschiedenen Bruch- und Feldsteinen stammt wahrscheinlich aus dem 14. Jahrhundert. Der vierstöckige Turm gehört zu den wenigen nördlich der Alpen erhaltenen Geschlechtertürmen, wie man sie sonst eher in Italien vermuten würde.

Der Name der Rittergasse in Sachsenhausen weist auf eine Besiedlung hin, zu der dieser Turm passt. Die Herren von Heusenstamm, die als Besitzer des Grundstückes genannt werden, hielten mit solchen Turmbauten an ihren Traditionen der Verteidigungsbauten fest. In Frankfurt sind Gebäude wie das „Steinerne Haus" oder das Haus „Zu den drei Sauköpfen" in dieser Idee errichtet worden. Die Gebäude wiesen in ihrer Entstehungszeit nur noch scheinbare fortifikatorische Details auf, so etwa eine Zinnenbekrönung an der Dachtraufe.

Der Turm in der Mitte der Paradiesgasse ist auf dem Merian-Plan von 1628 am Ende eines kleinen nach Osten führenden Weges mit einem Fachwerkaufsatz zu erkennen. Die Form des Straßendreiecks, welches bei Merian zu sehen ist und sich noch heute im Stadtplan ablesen lässt, deutet auf einen größeren Hof in diesem Bereich hin. Dabei handelt es sich um die ehemaligen Besitzungen Siegfrieds von Marburg zum Paradies, der einst Frankfurter Stadtschultheiß war.

Unförmig

Die „Zeppelin-
wurst" von Stefan Weiss

Innenstadt, ein Ausleger am Haus Große Bockenheimer Nr. 30

1909 strömten die Frankfurter zu Tausenden auf das Gelände neben der gerade eröffneten Festhalle. Zu sehen waren am Frankfurter Himmel viele Heißluftballons und die riesigen Luftschiffe des Grafen Zeppelin, von der Frankfurter Bevölkerung unter großem Jubel begrüßt. Die „ILA" – die Internationale Luftfahrtausstellung – war hier am 10. Juli 1909 durch den Frankfurter Oberbürgermeister Franz Adickes eröffnet worden. Auch Kaiser Wilhelm II. besuchte die Ausstellung, auf der alle neuen Erfindungen rund um die Luftfahrt zu sehen waren. Schnell stellte sich die Souvenirindustrie auf das Ereignis ein. Die Frankfurterin, die modisch auf der Höhe der Zeit war, kaufte sich eine Handtasche in der Form eines Zeppelins.

Die „Freßgass", wie die Große Bockenheimer in Frankfurt liebevoll genannt wird, war die bevorzugte Einkaufsstraße für Lebensmittel. Auch Stefan Weiss, Metzger in der Großen Bockenheimer Nr. 31, wusste dem feinen Publikum seines Geschäftes etwas Besonderes zu bieten und kreierte à la mode die „Zeppelinwurst". Am 15. März 1909 bekam er durch einen Vertreter des Grafen Zeppelin die Erlaubnis, seine neue Leberwurstkreation in der Form der Luftschiffe als „Zeppelinwurst" auf den Frankfurter Markt zu bringen. Stefan Weiss war allerdings nicht nur ein guter Metzger, sondern auch ein cleverer Vermarkter seines neuen Produktes: „Ein Genuss zum Abheben gut" stand fortan auf dem Etikett der neuen Wurst.

Life is ver precious,
even right now!

Ffm, am 26.10.1974

Rainer Werner Fassbinder

Unschicklich
„Zum Elch"

Bahnhofsviertel, Mainzer Landstraße 36

Frankfurt hat Varieté-Geschichte! Zu den großen kleinen Attraktionen des Frankfurter Nachtlebens gehörte das Varieté „Zum Elch", das Alfred Berthold Rudi Klein (kurz: Ted Klein) 1975 gründete und das für 10 Jahre zur gefeierten, frivolen kleinen Bühne für die großen Travestiestars wurde. Heute erinnert am einfachen Bau der Nachkriegszeit nichts mehr an die glanzvolle Nachtzeit im „Elch".

Die Liste seiner Gäste war so legendär wie lang. Von Fassbinder bis Brigitte Mira, von Charles Regnier bis Nadja Tiller waren alle bei Ted im „Elch". Legendär die Geschichte, die Manuela Mock, einzige „richtige" Frau im „Elch", erzählt: Rainer Werner Fassbinder, damals Regisseur am „Theater am Turm", pinkelte übermütig betrunken an die Theke. Sich entschuldigend, er sei schließlich der berühmte Fassbinder, warf ihn Ted Klein mit dem Kommentar aus dem Lokal: „Und ich bin der Ted Klein und du gehst jetzt!"

Teds „Elch" wird zur weltweiten Heimat der Travestie. Im „Elch" trat „Marienkäfer" Coccinelle (Jacques Charles Dufresnoy, 1931 bis 2006) aus Paris auf. Riky Renee, die mit Liza Minelli in „Cabaret" auftrat, war Gast auf der Bühne des „Elch"! Auch Romy Haag und vor allem der legendäre Craig Russel, der mit seiner Stimme viele Sängerinnen zum Verwechseln ähnlich imitieren konnte, waren die Stars in der Mainzer Landstraße.

2003 starbt Ted Klein im Alter von 65 Jahren und wurde in einem anonymen Grab auf dem Frankfurter Hauptfriedhof beerdigt. So wenig wie sein Grab zu finden ist, so wenig findet sich am Haus in der Mainzer Landstraße ein Hinweis auf die legendären Tage im „Elch" und Ted Klein.

Literatur

Focus Nr. 12, 1993.

Frankfurter Allgemeine Zeitung, diverse Beiträge

Frankfurter Neue Presse, diverse Beiträge

Frankfurter Rundschau, diverse Beiträge

Der Spiegel Nr. 14, 1996.

Adress-Buch von Frankfurt am Main mit Bockenheim, Bornheim, Oberrad und Niederrad, Frankfurt 1877.

Braunholz, Peter/Boerdner, Britta/Setzepfandt, Christian, Der Frankfurter Hauptfriedhof, Frankfurt 2009.

Derreth, Otto, Gärten im alten Frankfurt, Frankfurt 1976.

Denkmalschutz und Denkmalpflege in Frankfurt am Main, hg. vom Denkmalamt der Stadt Frankfurt am Main, Redaktion Volker Rödel, Calbe 2004.

Dietz, Alexander, Frankfurter Handelsgeschichte, 4 Bände, Frankfurt 1910-1925.

Gartenamt der Stadt Frankfurt (Hg.), Natur in der Stadt, Frankfurt 1979.

Gorr, Wolfgang, Frankfurter Brücken. Schleusen, Fähren, Brücken und Tunnels des Mains, Frankfurt 1982.

Grüngürtel Frankfurt GmbH (Hg.), Kreuz und quer durch den Frankfurter Grüngürtel, Hanau 1995.

Klötzer, Wolfgang (Hg.), Frankfurter Biographie, 2 Bände, Frankfurt 1994.

Kickhefel, Fred, Frankfurter Geschichte(n), Gudensberg 2006.

Lerner, Franz, Frankfurter Brunnen und Gewässer, Frankfurt 1964.

Mayenschein, Hermann/Uhlig, Michael, Zwischen Sandhof und Mainfeld, Frankfurt 1987.

Rödel, Volker, Ingenieurkunst in Frankfurt am Main 1806-1914, Frankfurt 1983.

Rödel, Volker, Industrie in Frankfurt am Main, Frankfurt o.J.

Rödel, Volker, Fabrikarchitektur in Frankfurt am Main 1874-1924, Frankfurt 1984.

Schembs, Hans-Otto, Spaziergang durch die Frankfurter Geschichte, Frankfurt 2002.

Schütte, Wolfram, Adorno in Frankfurt, Frankfurt 2003.

Senger, Valentin, Kaiserhofstraße 12, Darmstadt 1978.

Setzepfandt, Christian, Architekturführer Frankfurt am Main, Berlin 2002.

Umweltamt der Stadt Frankfurt (Hg.), Stadtgewässer. Seen, Teiche, Tümpel entdecken, Frankfurt 2003.

Vahrenkamp, Richard, Der Autobahnbau 1933-1945 und das hessische Autobahnnetz. In: Zeitschrift für hessische Geschichte und Landeskunde 109, 2004, S. 225-266.

Wissenbach, Björn, Mauern zu Gärten, Frankfurt 2010.

Wolff, Carl/Jung, Rudolf/Hülsen, Julius, Die Baudenkmäler in Frankfurt am Main, 3 Bände, Frankfurt 1896-1914.

www.kunst-im-oeffentlichen-raum-frankfurt.de

Die Autoren

Frank Berger, Jahrgang 1957, studierte Geschichte, Germanistik und Archäologie. Seit 1985 Kurator am Kestner-Museum in Hannover und seit 1997 am Historischen Museum Frankfurt. Von ihm sind Veröffentlichungen zur Numismatik, Polarforschung und Regionalgeschichte erschienen.

Christian Setzepfandt, geboren 1957 in Frankfurt, ist studierter Kunsthistoriker und organisiert seit 30 Jahren Führungen in und um Frankfurt. Er arbeitet als Moderator und ist Autor der Bücher „Geheimnisvolles Frankfurt am Main", „Architekturführer Frankfurt am Main", „Frankfurt ArchitekTour" und „Der Frankfurter Hauptfriedhof".

Frank Berger, Christian Setzepfandt

103 Unorte in Frankfurt

Der dritte Band unserer beliebten Reihe zu Frankfurts unglaublichsten Orten und Unorten liegt vor. Frank Berger und Christian Setzepfandt haben aus ihrem schier unerschöpflichen Vorrat weitere Unorte zutage gefördert und in „103 Unorte in Frankfurt" auf gewohnt charmante und süffisante Weise kommentiert und zusammengestellt. Herausgekommen ist dabei erneut ein Stadtführer der ganz anderen Art, der verborgene Plätze und Stellen Frankfurts zeigt, die im Alltag kaum ins Bewusstsein dringen.

224 Seiten · Broschur · ISBN 978-3-95542-007-9 · 12,80 Euro

C. Setzepfandt, F. Berger, J. Zwilling
101 Männerorte in Frankfurt

Männer sind speziell – und vielfältiger als man denken mag.
Einige pflegen Leidenschaften wie das Fahren mit Dampfloks
oder rituelle Säbelkämpfe mit einkalkulierten Gesichtsver-
letzungen. Andere dagegen begeistern sich fürs Synchron-
schwimmen oder kämpfen für die Rechte von Vätern. Und das
alles in der Mainmetropole! In ihrem neuen Buch stellen die
Autoren 101 Orte in Frankfurt vor, die männlich geprägt wurden
oder wo man(n) sich gern bewegt, in der Szene-Kneipe genau-
so wie auf den Stehplätzen der Commerzbank-Arena.

220 Seiten · Broschur · ISBN 978-3-95542-095-6 · 12,80 Euro

Sabine Börchers

101 Frauenorte in Frankfurt

Begeben Sie sich mit diesem Buch auf einen besonderen Rundgang durch Frankfurt – stets aus weiblicher Perspektive! Sabine Börchers hat die Stadt aus weiblichem Blickwinkel durchwandert und ist dabei auf 101 außergewöhnliche Orte gestoßen, die für Frauen attraktiv sind, die sie bewegen und sicherlich auch überraschen. Die Bandbreite reicht von Frau Rauscher, einer Heiligen ohne Kirche, einer Bar nur für Frauen bis hin zu den Stätten, an denen berühmte Frankfurterinnen ihre Spuren hinterlassen haben.

220 Seiten · Broschur · ISBN 978-3-95542-187-8 · 12,80 Euro

Frank Berger
101 Geldorte in Frankfurt

Von Karl dem Großen bis Mario Draghi wurde in Frankfurt am Main über Geldpolitik entschieden. Frankfurt war aufgrund der Reichsmessen ein wirtschaftliches Zentrum des Römischen Reiches deutscher Nation. 1585 entstand hier eine erste Wechselbörse. Traditionelle Geldorte wie die Börse, die Münzhäuser, Schatzfunde oder die Geschäftshäuser der großen Bankiers finden sich ebenso wie die glänzenden Türme und versteckten Nischen der gegenwärtigen Finanzeliten. Auch Falschgeld, Geldraub und allerlei weitere Skurrilitäten dürfen nicht fehlen.

220 Seiten · Broschur · ISBN 978-3-95542-186-1 · 12,80 Euro